주님의 음성

Originally published in English under the title of

GOD CALLING

Copyright ⓒ 1953 by Arthur James Ltd.

Published by O Books,
an imprint of John Hunt Publishing Ltd.,
The Bothy, Deershot Lodge, Park Lane,
Ropley, Hants SO24 0BE, UK

All rights reserved.

Korean Translation Copyright ⓒ 2009 by Kyujang Publishing Company

본 저작물의 한국어판 저작권은 저작권자와의 독점계약으로 규장이 소유합니다.
저작권법에 의하여 한국 내에서 보호를 받는 저작물이므로 무단 전재와 무단 복제를 금합니다.

주님의 음성

두 명의 경청자 지음 • **A. J. 러셀** 편집

배웅준 옮김

규장

• 편집자의 글 •

오늘도 우리를 인도하시는 성령님

이 책이 지난 70여 년간 세상에 끼친 영향을 평가하기는 무척 어렵다. 그동안 판매된 부수가 대략 6백만 부에서 1천만 부에 이르며, 지금도 해마다 세계적으로 수십만 부 이상 팔리고 있다. 이 엄청난 판매량은 이 책이 수많은 사람들의 삶에 강력한 영향을 끼치고 있다는 것을 증명해주는 것이기도 하다.

이 책을 기록한 사람은 두 명의 여성이다. 두 사람 모두 사람들의 칭송을 구하지 않았다. 대신 익명으로 남아 '두 명의 경청자'로 불리기를 원했다. 그들은 둘도 없는 친구이자 전직 교사였으며, 경제적으로 넉넉지 못한 형편이었다. 불행하게도 암투병 중인 것까지 똑같았다. 그러나 그들은 아주 놀라운 주장을 했다. 살아 계신 그리스도, 바로 그분께 응답을 받았다고 단

언했기 때문이다.

나는 그들이 기록한 메모를 읽고, 또 그들이 어떻게 메시지를 받았는지 듣고 나서야 그들의 말을 믿었다. 그리스도를 따르는 모든 사람 안에 거하시는 성령님이 침묵하는 성령님이어야 한다고 생각할 이유가 무엇인가? 우리가 가진 증거는 오히려 정반대의 사실을 입증한다. 나는 성령께서 내게도 때로 말씀하고 계신다는 것을 확실히 알고 있다. 그렇다면 다른 사람들에게도 성령으로 조명하시며 깨우쳐주시지 않겠는가? 이 책을 기록한 이들에게 말씀하지 않으실 까닭이 무엇이겠는가?

오직 성령님의 인도하심으로

물론 이 묵상의 기록들이 그리스도의 영(靈)께서 밝혀주신 모든 것, 그리스도의 영께서 이 세대를 향해 말씀하고자 하시는 모든 것으로 그들 두 여성에게 보여주셨다고 믿고 싶지는 않다. 하지만 그들 안에 거하시는 그리스도의 영께서 그들의 눈을 열어, 그들과 이 세대가 마땅히 알아야 할 것들을 깨우쳐주신 것이라고 확신한다.

나는 이 책이 '축어적인 영감'(verbal inspiration)을 받았다고 믿지는 않는다. 즉, 기록된 성경과는 분명한 차이와 구별이 있다.

그러나 두 여성이 성령님의 인도를 받았다는 것과 이 책에 기록된 내용의 상당 부분이 우리를 분명히 주님께로 인도한다고 확실히 믿는다.

이 책이 어떻게 기록되었는지는 '두 명의 경청자' 가운데 한 사람이 자세히 설명할 것이다. 가난하지만 용기 있는 두 여성이 병마와 궁핍과 싸우고 있었다. 그들에게는 희망이 없었다. 그래서 그중 한 여성은 이 고단한 세상을 영원히 떠나기를 갈망하기도 했다. 바로 그때, 주님께서 그들에게 위로의 말씀을 주셨다. 그 말씀은 철저히 성경을 기반으로 한 말씀이었다.

주님께서는 날마다 오셔서 그들을 격려하셨다. 그들은 여전히 슬픔을 안고 있었지만 그럴 때도 기쁨과 새로운 용기를 얻을 수 있었다. 주님은 말씀에 근거한 약속으로 가련한 두 여성을 분발시키셨고, 그들이 약속을 믿지 못했을 때 불신앙을 온화하게 꾸짖으셨다.

위로와 격려의 하나님

믿음을 잃었는가? 어디라도 좋으니 이 짧은 글귀들을 묵상하라. 그러면 철부지 아이가 믿음을 되찾듯 잃었던 믿음을 쉬이 찾을 것이다. 어쩌면 당신은 주님께서 위로와 격려를 자신하는 은은한 미소를 지으며 당신 바로 곁에 서 계신 것을 실감하지 못할지도 모른다. 그러나 이 책의 글귀들을 음미할 때, 주님께서 늘 그러셨던 것처럼 당신 바로 옆에 계시며 당신에게 놀라운 것들을 기대하신다는 것과 당신이 그런 일을 이룰 수 있도록 기꺼이 도울 준비를 하고 계심을 깨달을 것이다.

건강을 잃었는가? 오랫동안 기도했는데도 아무것도 나아진 게 없는가? 그렇다면 이 책에서 '치유의 향(香)'을 발견할 것이다. 그리고 우리 주님께서 모든 불순물이 사라진 후에야 도가니에서 금(金)을 꺼내시는 까닭이 무엇인지 깨달을 것이다. 오직 주님의 눈만이 이미 예견하신 당신의 참된 자아(自我)의 영광스러운 모습을 나타낼 것이며, 주님께서 당신과 함께 영원토록 당신의 참된 자아를 만들어가신다는 것을 기억하게 될 것이다.

날마다 새롭게

갑작스레 위기가 닥쳐 얼얼하게 아플 때 이 책을 의지하라. 그러면 책을 내려놓았을 때, 외진 오두막에서 홀로 사는 사람이나 대궐 같은 집에서 사는 사람을 막론하고 수많은 사람들이 이미 발견했듯 내적으로 잔잔해지고 또 평온해졌다는 것을 깨달을 것이다.

아침 햇살을 맞으며 새들이 노래할 때 이 책을 펼쳐 읽어라. 그러면 새들의 노래가 당신의 영혼을 울려 우리의 창조주이며 구속자(救贖者)이며 친구이신 그분을 향한 사랑을 즐거이 노래할 것이다. '매일의 능력'을 주는 이 책을 가방에 넣고 다녀라. 늘 책상 옆에 두어라. 친구에게도 선물하라. 이 책에 담긴 심오한 의미를 지속적으로 흡입하라. 주님과 친밀하게 교제하며 하루하루를 살기 위해 분투하라.

두 경청자가 보낸 메시지를 통해 이제 당신은 더 이상 혼자가 아니라는 것을, 당신 곁에 늘 주님이 계시다는 것을, 우리의 가장 귀한 친구이며 안내자이신 주님과 하나가 되었음을 깨달을 것이다. 주께서 날마다 새롭게 당신에게 말씀하고 계신다.

"볼지어다 내가 세상 끝 날까지 너희와 항상 함께 있으리라"
(마 28:20).

A. J. 러셀

· 프롤로그 ·

날마다 고요 속에서 만난 주님

주님께서 주시는 다정다감한 음성을 깨달았을 때 가슴 벅차게 감격스러웠고, 주님이 사랑으로 책망하셨을 때도 결코 아프지 않았다. 주님께서는 우리가 이 세상에서 사랑과 기쁨과 웃음의 수로(水路)가 되어야 한다고 항상(지금도 매일) 말씀하셨다. 주 안에서 새로운 모습이어야 한다고 요구하셨다.

다른 사람들은 이런 명령에 순종하기가 쉬웠을지 몰라도, 우리는(혹은 나는) 그렇게 하기가 무척 어려운 상황이었다. 고통이 낮을 점령하고, 고질적인 불면증이 밤을 고문했으며, 지독한 가난과 견디기 힘든 근심이 오히려 일용할 양식이 되어버린 지 오래였다. 기도해도 응답은 오지 않고 하나님의 얼굴은 베일에 가려 있었다. 게다가 한 가지 불행이 물러가기가 무섭게 새로운 불행이 엄습하는데 어찌 웃을 수 있으며, 어찌 다른 사람들에게 힘을 북돋아줄 수 있으며, 어찌 항상 기뻐할 수 있을까?

그래도 주님께서는 주위 사람들을 사랑하라고, 기쁨을 주는 사람이 되어야 한다고, 웃어야 한다고 분명하게 말씀하셨다. 만일 우리가 낙담했다면 그런 삶을 살기 위해 분투하는 것을 당장 그만두고 더 행복한 다른 삶을 향해 나아갔을 것이다.

그러나 주님께서는 매일 우리를 격려하셨고, 주님께서 사용하기로 작정하신 도구를 결코 부서트리지 않으리라고 말씀하셨다. 쇠붙이를 도가니에 넣되 불순물을 온전히 제거하는 데 필요한 시간 이상으로 오래 넣어두지 않으리라고 말씀하셨다. 주님께서는 용기를 잃지 말라고 계속 권면하셨으며 말할 수 없는 기쁨이 우리를 기다리고 있다고 말씀하셨다.

살아 계신 그리스도의 인도하심

하나님께서는 하나님을 사랑하고 섬기기 위해 합심하여 기도하는 영혼들에게 강력한 능력이 임한다는 것을 무엇보다 강조하셨다. 그리고 이미 많은 사람들이 입증한 것처럼 우리는 합심기도를 방해하는 세력이 존재한다는 것도 체험했다.

"하나님 안에서 두 사람이 하나가 되어 합심으로 기도할 때

실로 놀라운 일들이 일어난다. 그러므로 두 사람의 우정을 훼손하려고 작정하고 달려드는 적대적인 세력이 반드시 존재할 것이다."

주님께서 주신 메시지는 아름답기 그지없다. 때로는 위엄 있는 메시지를 주시고, 신자의 삶에 고난이 불가피함을 가르쳐주시기도 하고, 공급의 법칙이 실제로 어떻게 작용하는지 설명해주시기도 하신다. 어떤 부분은 앞뒤 연결이 매끄럽지 않아 산만하게 느껴질 수도 있다. 우리 두 사람의 개인적인 사정에 대한 언급과 반복을 피해야 했기 때문이다. 우리에게 이 책은 평범한 책이 아니다. 우리는 주님께서 주님의 마음을 보여주신 것이라고 확실히 믿는다.

우리는 많은 시간 기도한 후에 이 책을 출간하기로 결정했다. 살아 계신 그리스도께서 오늘도 지극히 작은 자들에게 말씀하시고 그들을 위해 계획을 세우시고 인도하신다는 것을 믿기 때문이다. 아무리 사소한 것이라도 하찮게 여기지 않으시고, 엄위로운 창조주로서 지금도 여전히 자신을 보여주신다는 것을 입증하기 위해서다.

'두 명의 경청자' 가운데 한 사람이

편집자의 글
프롤로그

JANUARY
1월 나를 앙망하여 새 힘을 얻으라 • 15

FEBRUARY
2월 아무것도 염려하지 말고 기도로 구하라 • 59

MARCH
3월 내 능력이 약한 데서 온전해짐이라 • 93

APRIL
4월 너는 일어나 빛을 발하라 • 129

MAY
5월 잠잠히 나를 믿고 기다려라 • 169

JUNE
6월 내 음성에 귀 기울여라 • 209

CONTENTS
차례

JULY
7월 내가 네 길을 인도하리라 • 247

AUGUST
8월 담대하라 내가 세상을 이기었노라 • 285

SEPTEMBER
9월 내가 너를 버리지 아니하리라 • 323

OCTOBER
10월 너는 다만 주를 바라라 • 359

NOVEMBER
11월 무엇이든지 믿음으로 구하면 얻으리라 • 395

DECEMBER
12월 세상 끝 날까지 너와 함께하리라 • 433

해질녘의 은은한 공기처럼 온화하며
잘못 하나하나를 살피며
두려움 하나하나를 잔잔하게 하며
하늘에 대해 말씀하시는 주님의 온유한 음성이 들립니다!

JANUARY
나를 앙망하여 새 힘을 얻으라

JANUARY 1.1

새로운 삶을 향해 나아가라
Between the Years

나는 지금 묵은해와 새해 사이에 서 있노라. 다가오는 한 해 위에 내 임재의 빛, 곧 의로운 태양의 광선을 비추고 지나간 해에 그림자를 던져 네 모든 괴로움과 슬픔과 실망을 덮으며 지난해와 새해 사이에 서 있노라.

과거에 연연하지 말라. 오직 현재만 주시하라. 훗날 붉게 타오를 불꽃을 발산하기 위해 내 빛을 빨아들이고 사용하는 정도로만 네 과거를 사용하라. 오직 나로부터 받는 축복, 세상의 빛으로부터 오는 축복을 비축하라. 이런 것들을 생각하여 분발하라.

미래에 대한 모든 두려움과 소중한 사람들의 궁핍에 대한 모든 염려와 고통과 실패에 대한 모든 근심을 파묻어라. 모든 몰인정하고 비통한 생각, 증오와 원한, 패배 의식, 다른 사람들과 네 자신에 대한 실망, 우울함과 의기소침 이 모든 것을 파묻어라. 그리고 새로운 삶, 되살아난 삶을 향해 나아가라.

세상이 보는 눈으로 보면 안 된다는 것을 기억하라. 모든 것을 내게 맡겨라. 앞으로 일어날 일들을 염려하거나 두려워한다면 내가 주는 선물을 기대할 수 없느니라. 내가 그날에 필요한 지혜와 힘을 공급하리니 너는 아무것도 염려하지 말라.

JANUARY 1.2

사랑의 팔을 뻗어라
Arm of Love

다른 사람들이 구원받을 수 있도록 도와라. 오늘 누군가에게 사랑의 팔을 뻗지 않았다면 단 하루라도 그냥 흘려보내지 말라. 쪽지를 건네거나 편지를 보내거나 방문해서 다른 사람들을 도와라.

기쁨으로 충만해져라. 기쁨은 사람을 살리고 치유하느니라. 내 안에서 기뻐하라. 날마다 비추는 햇빛 안에서, 아무리 사소한 도움을 주더라도 친절과 사랑으로 환하게 웃으며 기뻐하라.

나는 지금도 호숫가를 거닐며 나를 따라와 사람을 낚는 어부가 되라고 제자들에게 명하노니 다른 이의 영혼을 죄와 질병과 의심의 바다에서 건져 올리기 위해 날마다 힘써라.

의지할 데 없는 사람들을 용기와 분투와 믿음과 건강으로 일으키도록 돕는 손길이 필요하노라. 사랑하라. 웃어라. 사랑과 웃음은 믿음과 용기와 성공을 부르느니라. 지속적으로 믿고 사랑하고 기뻐하라!

풀죽지 않겠다고 결심하라. 네가 오르는 길을 아무도 막지 못하게 하리라. 내가 늘 함께하리니 사랑하며 웃어라. 네 짐은 내가 대신 질 것이니 내게 맡겨라. 네게 힘을 주리라. 가벼워진 몸으로 다른 사람들에게 가라. 그리고 그들을 무겁게 짓누르는 짐을 벗을 수 있도록 이번에는 네가 도와라.

네가 얼마나 많은 이들의 짐을 덜어줄 수 있겠느냐? 얼마나 많은 이들의 기운을 북돋을 수 있겠느냐? 얼마나 많은 영혼들을 도울 수 있겠느냐? 그러나 나, 곧 네 주 하나님이 이미 말하였느니라.

"주라 그리하면 너희에게 줄 것이니 곧 후히 되어 누르고 흔들어 넘치도록 하여 너희에게 안겨주리라"(눅 6:38).

JANUARY 1.3

새롭게 하시리라
The Way Will Open

"오직 여호와를 앙망하는 자는 새 힘을 얻으리니"(사 40:31).

너는 새로워져야 하느니라. 다시 만들어져야 하느니라. 그리스도 나의 말이니라. 모든 것을 내게 맡겨라. 새 힘을 얻을 것이라. 오직 사랑만이 이기는 힘이니라. 두려워하지 말라. 내가 도우리라. 내 영이 흐르는 수로가 되어라. 내 영이 너를 통해 흐를 때 네 쓰라린 과거를 모두 쓸어가리라.

마음을 다잡아라! 하나님이 사랑하시느니라. 너를 도우시며 너를 위해 싸우시느니라. 반드시 승리하시리니 네가 곧 알게 되리라.

내가 사랑으로 모든 것을 계획하고 작정했으니, 그 생각과 계획이 펼쳐지는 것을 날마다 주목하라. 너는 아이가 되어라. 아이처럼 그저 배우기만 하라. 아이가 부모의 계획에 의문을 제기하지 않고 따르는 것처럼 기꺼이 받아들여라.

JANUARY 1.4

나보다 앞서가지 말라
Do Not Plan

모든 것이 잘되리라. 놀라운 일들이 일어나리라. 하나님을 제한하지 말라. 너를 돌보시고 공급하시느니라.

네 자아를 죽여라. 자아는 내 영이 흐르는 수로를 막느니라. 내 길을 차근차근 펼칠 것이니 너는 앞서 계획을 세우지 말라. 내일의 짐을 나에게 맡겨라. 네 짐을 지는 강력한 짐꾼이 바로 내가 아니더냐? 네가 내 짐을 질 수 있겠느냐?

나는 네가 하루의 몫 정도만 감당하기를 기대하노라.

JANUARY 1.5

아무것도 축적하지 말라
Hoard Nothing

나를 사랑하고 내 뜻을 행하라. 불행이 네 문을 두드리지 못하리니 내일 일을 염려하지 말라. 내 안에서 쉬면 평강을 얻으리라. 내가 도우며 네 소원을 이루리라. 고요히 흐르는 강 같은 평화가 너를 자극하는 모든 것을 깨끗이 쓸어내리라.

기도가 열매 맺지 못하는 것 같아도 지속하라. 마귀가 네 기도를 중단시키려고 갖은 수단을 동원할 것이니 마귀의 말에 귀 기울이지 말라. 사악한 영들이 네 기도를 훼방할지니 그 말을 귀담아 듣지 말라. 네 신경을 쉬게 하라. 네가 지쳐 있으면 하나님의 능력을 나타내지 못하느니라. 늘 소망을 가져라.

가난을 두려워하지 말라. 물질을 가두지 말라. 나는 물질이 네 안으로 흐르게 하겠지만 너는 밖으로 흐르게 해야 하느니라. 가두는 자들에게는 결코 주지 않으리니 오직 나누는 자들에게만 주리라. 아무것도 움켜쥐지 말라. 아무것도 축적하지 말고 오직 필요한 것만 가지고 사용하라.

JANUARY 1.6

훈련을 게을리 하지 말라
Sharp and Ready

기도하라. 길이 열릴 것이라. 하나님께서 돌보시며 계획을 펼치시리니 그저 사랑하고 기다려라. 사랑은 열쇠이니 사랑으로 열지 못할 문은 없노라.

무엇 때문에 염려하느냐? 하나님께서 너를 돌보고 보호하지 않으셨느냐? 계속 의지하라. 기쁜 마음으로 의지하라. 확신을 가지고 의지하며 잠잠하라. 내 능력 안에서 잠잠하라.

기도하는 이 시간, 말씀을 묵상하는 이 시간, 훈련하고 연단하는 이 시간을 게을리 하지 말라. 이것은 너의 일이기도 하지만 너를 사용하기 위한 나의 일이기도 하니라. 나의 도구는 예리하게 날이 서야 할지니 오직 그때에 사용할 수 있느니라.

어떤 희생을 치르더라도 너 자신을 훈련하여 최선의 상태로 만들어라. 이렇게 할 때 네 모든 찰나의 생각들조차도 응답받을 것이며, 네 모든 소망이 채워질 것이며, 네 모든 행동이 쓰임받을 것이라. 이것은 두려운 능력, 강한 능력이니 잘못 구하지 않도록 언제나 유의하라. 내 영에 합하지 않은 것은 무엇도 구하지 않도록 조심하라.

모든 해로운 생각들을 거부하라. 이적을 일으키는 능력이라도 그릇된 손에 들어가면 마법이 될 수 있으니 네 삶이 정결하고 선해야 하는 까닭이 바로 그것이라. 바로 지금 구하라. 그러면 즉시 받으리라. 훈련을 반겨라. 훈련하지 않으면 이런 능력을 결코 주지 아니하리니 오히려 해가 되기 때문이니라.

다른 사람들의 삶을 염려하지 말라. 모든 것이 다 바르게 되리라. 내가 주는 힘 안에서 자신을 완벽하게 훈련하는 것이 네가 가장 먼저 해야 할 일이라.

JANUARY 1.7

조용히 경청하라
The Secret Pearl

기다려라! 놀라운 일이 펼쳐지리라. 두려워하며 떨라. 아무 흔들림 없이 영원의 문지방을 넘을 수 있는 사람은 없느니라. 네게는 영원한 생명을 주리라. 경이롭고 영원한 생명을 값없이 주리라.

하나님나라는 조용히 임하느니라. 하나님나라가 언제 사람의 심령에 들어올지는 그 누구도 판단할 수 없고 오직 결과로만 알 수 있으리라. 조용히 경청하라. 아무 메시지도 받지 못할지라도 한결같이 귀 기울여라.

침묵하는 법을 배워라. 하나님께서는 침묵과 부드러운 바람 속에서 말씀하시느니라. 침묵과 바람도 내 뜻을 네 심령에 전하는 메시지가 될 수 있도다.

네 말이나 생각이 다른 사람의 심령 은밀한 곳에 떨어지는 진주가 될 수 있나니 어느 정도 시간이 흐르면 그 사람이 그 보석을 발견하고 처음으로 귀한 가치를 깨달을 것이라.

'하기 위해' 애쓰지 말고 '되기 위해' 애써라. 나는 "온전하라!"라고 명했지 완벽한 일을 하라고 명하지 않았느니라. 그러나 네 노력은 무익하니 헛된 수고를 하지 말고 깨달아라. 곧 내 영의 일만이 그런 열매를 맺게 되느니라. 이를 숙고하고 묵상하라. 네 평생에 이 진리를 망각하지 말라.

JANUARY 1.8

사랑은 문을 닫기도 하느니라
Love Bangs the Door

나와 함께하는 삶은 고난이 면제된 삶이 아니니라. 그러나 너는 고난 가운데서도 평화를 얻으리라. 나는 종종 문을 닫음으로써 인간들을 인도하기도 하느니라. 사랑은 문을 열기도 하지만 닫기도 하느니라. 내 뜻을 믿고 신실한 마음으로 받아들이면 기뻐하기 어려운 상황에서도 기쁨이 넘치리라.

내 종 바울이 "우리의 잠시 받는 환난의 경한 것이 지극히 크고 영원한 영광의 중한 것을 우리에게 이루게 함이니"(고후 4:17)라고 말한 것도 '닫힌 문'의 교훈을 깨달았기 때문이 아니겠느냐? 이를 깨닫지 못하면 좌절할 수밖에 없나니 명심하고 또 명심하라. 기쁨은 고요함의 소산이니라.

JANUARY 1.9

불안해하지 말라
No Strain

무슨 일이 닥친다 해도 평온함을 잃지 말라. 내 안에서 쉬어라. 환경이 너를 짓누른다고 생각하지 말라. 내가 너와 함께하는데 어찌 환경이 너를 압도할 수 있겠느냐?

불안해하지 말라. 내 자녀들은 결코 불안해하지 않느니라. 내가 도구를 만드는 최고의 장인(匠人)임을 알기 때문이라. 내가 모든 것을 만들어내지 않았느냐? 나는 네가 불안해하지 않을 때 어떤 열매를 맺을 수 있는지 잘 알고 있느니라. 가장 정교하고 섬세한 도구들을 만드는 내가, 내 도구를 파괴하거나 뒤틀리게 할 일을 시키겠느냐?

결코 그렇지 않으니라! 네가 불안해하는 까닭은 세상이나 명예나 인간의 생각이나 짐을 하루에 지는 등 나 외에 다른 주인을 섬기고 있기 때문이니라. 그리하면 절대 안 된다는 것을 명심하라!

JANUARY 1.10

영원한 생명의 영원한 생명력

Influence

내게 오라. 그리하면 나를 믿는 모든 자들에게 주는 영원한 생명을 네게도 주리라. 그것이 너와 네 입에서 나오는 모든 말과 네 영향력을 완전히 바꾸어놓으리라.

그것들이 모두 영원하리라. 영원할 수밖에 없으리라. 그것들이 네 안에 있는 생명, 곧 나의 생명, 영원한 생명으로부터 샘솟아 영원토록 있을 것이기 때문이니라. 너는 이제, 영원한 생명을 지닌 영혼이 얼마나 엄청나고 놀라운 일을 할 수 있는지 목도하고 체험하리라. 그런 생명을 지닌 영혼의 말과 영향력은 시대를 뛰어넘어 영원토록 전해지리라.

내가 주는 이 진리들을 곰곰이 묵상하라. 그것들은 피상적인 사실이 아니라 내 나라의 비밀이며, 값을 매길 수 없는 숨겨진 진주이니라. 내가 주는 이 진리들을 곰곰이 묵상하라. 그리고 네 마음과 심령에 새겨라.

JANUARY 1.11

오늘 나를 신뢰하라
The Ache of Love

내게 부르짖어라. 듣고 축복하리라. 필요하다면 나의 무한한 창고를 이용하라. 나의 놀라운 진리를 구하면 주리라.

침묵 가운데 있어야 할 때, 홀로 남겨진 것 같을 때가 있으리니 그럴 때는 내가 엠마오로 향하는 두 제자에게 말을 걸었던 것(눅 24:17)처럼 네게도 말을 걸고 있다는 사실을 기억하라. 그러나 내가 승천한 후에 내 제자들이 다락방에 모여 "저가 우리에게 이렇게 말씀하지 않았더냐?"라고 말하면서 서로 위로해야 했던 때도 있었음을 기억하라.

아무 음성이 들리지 않을 때에도 나의 임재를 의식하라. 언제나 나의 임재 안에 거하라.

"나는 세상의 빛이니"(요 8:12).

그러나 네가 눈부시게 밝은 그 빛 속에서 매일의 사명을 놓칠까 염려되어 내가 영광스러운 빛 발하기를 억제할 때도 있느니라. 천국이 도래하고 나서야 비로소 내 자녀들이, 하나님께서 주시는 계시의 황홀경 속에 앉아 진리를 흠뻑 들이마실 수 있으리라. 그러나 지금 너는 세상의 순례자이니 오직 매일의 진군 명령과 그날의 힘과 안내가 필요할 뿐이라.

간절하게, 기쁜 마음으로 내 음성을 경청하라! 내 음성을 밀어내지 말라. 나는 대항하는 자들을 원치 않느니라. 세상의 허튼소리를 구하면 내가 즉시 물러나리라.

훈련을 피하지 말라. 훈련은 제자의 신분을 보증하는 보증서이니라. 언제나 나를 신뢰하고 절대 거역하지 말라. 네가 오늘 나를 신뢰하면, 내가 세상에 있을 때는 물론이고 하늘로 올라간 후에도 내 사랑을 거부한 인간들 때문에 당했던 모든 아픔이 말끔히 가시리라.

자녀들아! 나는 너를 위해 죽었노라. 너도 나를 위해 그렇게 할 수 있겠느냐?

JANUARY 1.12

진리와 함께 기뻐하라
Thanks for Trials

범사에 감사하라. 시련과 걱정거리가 있을지라도 감사하라. 기쁨은 삶에서 우러나는 감사의 태도이니 기뻐하라. 즐거워하라. 자녀들이 행복해하는 것을 보고 싶은 게 아버지의 마음 아니겠느냐?

내가 너에게 계시하는 많은 진리들을 전하라. 각각의 진리가 귀한 보석이니라. 영적으로 곤한 네 친구들이 그 진리 때문에 기뻐하리니 그 진리를 전하라. 내가 너에게 가르치는 이 모든 진리들을 네 친구들이 가슴 깊이 새길 수 있도록 도와라. 더 많은 진리가 너에게 흐르도록 할 것이니 이 모든 진리를 사용하여 다른 사람들을 도와라.

사람들이 "주 예수여 오시옵소서"(계 22:20)라고 간절히 기다리며 부르짖고 있는 이때, 내가 각 사람의 삶과 심령에 들어가기를 얼마나 열망하는지 알겠느냐?

JANUARY 1.13

보이지 않는 친구들
Friends Unseen

절대 절망하지 말고 낙심치도 말라. 다른 사람들을 돕는 통로가 되어라. 측은히 여기는 마음을 품으라. 다른 사람들에게 더욱 세심하게 마음을 써라. 네 삶은 결코 근심으로 가득하지 않으리라. 불순물이 다 제거되면 주인이 금(金)을 도가니에서 꺼낼 것이라. 너의 승리를 기뻐하는 군대의 진군 소리와 행진곡 소리가 벌써 들려오느니라.

네게는 보이지 않는 친구들이 있노라. 그들은 네가 내 힘과 이름으로 승리하기를 갈망하고 있노라. 사탄의 영들은 네 미끄러짐을 기뻐하지만 그들은 안타까워하노라. 사탄의 영들이 네 승리를 비통해하는 반면 그들은 감격하며 기뻐하느니라. 이 사실을 가리던 수건이 벗겨지고 나면 너는 더 이상 죄를 범하거나 넘어지지 않으리라. 내 능력은 그 옛날 광야에서 사탄을 물리쳤을 때, 겟세마네의 슬픔과 고뇌와 갈보리의 죽음으로 사탄을 정복했을 때와 동일하니 이를 생각하라.

JANUARY 1.14

자아를 쳐서 복종시켜라
Mighty and Marvellous

나와 동행하는 영혼은 기쁨과 안위를 얻을 것이라. 내 영이 사람의 삶에 들어가 역사하는 것을 감지하기는 어려우나 그 결과는 매우 강력하니라.

나에 대해 배워라. 자아를 죽여라. 네가 자아를 쳐서 복종시킬 때마다 내가 너를 본래의 너, 결코 멸망하지 않고 영원히 살아갈 너로 만들어가리라. 자신에게 솔직해져라. 자신을 엄히 대하라. 네 자아가 내 길을 훼방하느냐? 그렇다면 어떤 대가를 치르더라도 몰아내라!

나는 모든 인간의 자아를 구현한 인간으로 십자가에서 죽었으며, 자아를 십자가에 못 박았을 때 죽음까지도 정복할 수 있었느니라. 내가 십자가에서 네 모든 죄를 내 몸에 짊어졌을 때 자아에 예속된 인간의 본성까지도 짊어진 것이니라. 너 또한 자아를 죽일 때, 내가 이 기진맥진한 세상을 위해 풀어놓은 놀라운 능력을 얻을 것이며 승리하리라. 네가 정복해야 할 것은,

인생이나 인생의 어려움이 아니라 오로지 네 안에 있는 자아이니라.

"아직도 너희에게 이를 것이 많으나 지금은 너희가 감당치 못하리라"(요 16:12).

내가 열두 제자에게 이렇게 말하였느니라. 너는 이 모든 것을 깨달을 수 없지만 나와 동행하며 순종하며 내 말을 경청할 때, 나의 계시와 가르침이 얼마나 기이하고 또 얼마나 영광스러운지 똑똑히 목도하게 되리라.

JANUARY 1.15

내게 와서 힘을 얻어라
Relax

긴장하지 말라. 마음을 졸이지 말고 걱정하지도 말라. 하나님께서 모든 것을 뜻대로 이루지 않으시겠느냐? 진정으로 하나님 안에서 나와 동행한다면 하나님의 마음이 바뀔까 염려할 이유가 무엇이냐? 하나님이 변치 않으신다는 것을, 내가 어제나 오늘이나 영원토록 동일하다는 것(히 13:8)을 알지 못하느냐? 요동치는 세상에서 마음의 평정을 유지하는 법을 배워라. 영혼의 균형을 잡는 법을 배워라.

내 능력을 구하라. 마귀를 몰아냈던 그 능력이 네 것이니 그 능력을 사용하라. 그렇지 않으면 거둘 것이니 한시라도 쉬지 말고 그 능력을 사용하라. 아무리 많이 구해도 많다 하지 않으리니 구하고 또 구하라. 너무 바빠서 구할 수 없다고 생각하지 말라. 한 가지 사명을 마칠 때마다 내게 돌아와 힘을 얻어라. 그리하면 무슨 일이든지 능히 감당할 수 있으리라. 내 기쁨을 주리니 그 안에서 살며 그 기쁨을 나타내라.

JANUARY 1.16

내 안에서 기뻐하라

Friend in Drudgery

중요한 것은 나날이 분투하는 것이지 일시적으로 높아지는 것이 아니니라. 마찬가지로 광야의 벌판에서 날마다 내 뜻에 순종하는 게 중요하지 우연히 변화산에 오르는 게 중요한 것이 아니니라.

신앙생활보다 더 큰 인내를 요하는 것은 없으니 나날이 인내하며 고된 길을 걸어라. 나와의 각별한 우정을 보증하는 것이 바로 그것이니 나는 작은 것들의 주님이요, 하찮은 일까지 다스리는 하나님이로다! 모자이크를 구성하는 돌 하나하나는 작고 보잘것없지만, 서로 결합하고 조화를 이루면서 아름다운 형상을 나타내지 않느냐?

네 하루 중에 너무도 변변치 않아 나의 계획이 아니라고 말할 수 있는 것은 아무것도 없느니라. 내 안에서 기뻐하라. 내 모자이크의 아름다움과 조화를 보증하는 접합제, 하나님이 주신 접합제가 바로 기쁨이기 때문이니라.

JANUARY 1.17

하나님의 보호막
God's Rush to Give

침묵하라. 내 앞에서 침묵하라. 내 뜻을 깨달아 행하기 위해 범사에 노력하라. 내 사랑 안에 거하라. 모든 사람을 감싸 안는 사랑으로 너를 푹 적셔라. 마땅히 이를 행할 때 모든 악을 막아줄 보호막을 네 주변에 쳐주리라. 이 보호막은 다른 사람들을 향한 네 마음의 태도와 말과 행위에 따라 만들어질 것이라.

모든 것을 네게 주고 싶구나! 후히 되어 누르고 흔들어 넘치도록 주고 싶구나! 그러니 힘써 배워라. 내가 네게 주기를 얼마나 갈망하는지 알지 못하느냐? 두려움이 네 마음을 파고들 때, 조바심이 네 마음을 공격할 때 즉시 맞서 싸워라.

사랑과 신뢰는 인생의 두려움과 근심과 초조함을 녹이는 용해제이니 그것들을 지금 즉시 적용하라. 너는 수로이니라. 비록 지금 막혀 있지 않더라도 조바심과 염려가 서서히 부식시킬 것이요, 머지않아 손 쓸 수 없는 지경에 이르리라. 인내하고 또 인내하라! 결코 낙심하지 말라. 모든 것이 다 잘되리라.

JANUARY 1.18

믿음은 편지봉투이니라
Faith-Works

날마다 믿음을 달라고 기도하라. 믿음은 내가 주는 선물이니, 오직 믿음을 구하면 능력의 사역을 이룰 수 있으리라. 물론 일도, 기도도 해야 하지만 기도 응답과 일의 성패가 오직 믿음에 달려 있음을 기억하라.

기도로 믿음을 구하라. 즉시 주리라. 악의 군대를 격퇴하기 위해, 내 길을 거스르는 모든 상황을 압도하기 위해, 모든 선한 일을 이루기 위해 네가 반드시 지녀야 할 무기가 바로 믿음이기 때문이니라. 믿음을 받았으면, 믿음으로 구할 때 믿음을 받았다는 것을 증명해 보여라. 믿음은 너의 모든 요구 사항을 집어넣는 편지봉투이니라.

"행함이 없는 믿음은 죽은 것이니"(약 2:26) 행함으로 네 믿음을 먹여라. 그때마다 무력함을 느끼겠지만 그럴수록 나를 의지하라. 그러면 나를 더 알게 되고, 나를 알면 알수록 네 믿음이 더 자라리라. 내 능력을 드러내기 위해 그 믿음이 꼭 필요하노라.

JANUARY 1.19

하나님의 애타는 사랑
Love Anticipates

나를 찾았다가 빈손으로 돌아간 자는 아무도 없도다. 네가 나를 불러주기를 내가 얼마나 애타게 기다리는지 아느냐? 네가 부르짖기도 전에 네 심령에 필요한 것을 내가 이미 알고 있으며, 네 필요를 의식하기도 전에 내가 주려고 준비하고 있음을 아느냐? 이는 마치 딸이 사랑에 빠지기도 전에, 딸의 혼수로 적합한 선물들을 준비해놓는 어머니와 같으니라.

네가 하나님의 고대하는 사랑을 좀처럼 깨닫지 못하는구나. 하나님의 고대하는 사랑을 묵상하라. 하나님께서는 네가 불러주기를 애타게 기다리고 계시느니라. 하나님을 원망하는 생각들을 마음에서 제하라. 네가 한숨과 눈물로 간청하지도 않고 말로 구하지도 않아서 하나님께서 주시고자 하는 마음을 안타까워하며 거두신 것이 아니겠느냐?

사랑하는 어린 딸의 선물을 준비하는 엄마를 생각해보라. 선물을 준비하는 동안 그 엄마의 마음은 노래를 부르느니라. 엄마는 딸의 기쁨을 예상하느니라. 그리고 그때 엄마의 마음도 잔잔한 기쁨으로 가득해지느니라. 이 엄마가 이처럼 '기쁨을 예상하는 법'을 어디에서 배웠겠느냐? 나에게서 배운 것이 아니겠느냐? 이것이 너의 기쁨을 예상하는 내 사랑의 희미한 메아리가 아니겠느냐?

내가 너를 위해 준비한 것들을 펼쳐나갈 때, 이 모든 것이 너의 기쁨을 예상하는 사랑으로 미리 준비한 것이라는 사실에 주목하라. 이런 내 사랑을 깨달아라. 네가 내 사랑을 얼마나 깨닫고 있는지가 내게는 매우 중요한 의미니라. 게다가 내 사랑을 깨달으면 네 삶에 말할 수 없는 기쁨이 넘치리라.

JANUARY 1.20

그저 생각하기만 하라
At One with God

나와 하나가 되어라. 내가 아버지와 하나 된 것같이 천지의 주재인 나와 하나되어라! 네가 인간의 열망으로 더 높은 곳에 가닿을 수 있겠느냐? 인간이 이보다 더한 것을 바랄 수 있겠느냐?

네가 얼마나 귀한 특권을 소유하고 있는지 알고 있느냐? 그저 생각하기만 하라. 그리하면 네가 생각하는 것이 즉시 나타나리라. 그래서 내 종 바울이 "위엣 것을 생각하고 땅엣 것을 생각지 말라"(골 3:2)라고 말한 것이 아니겠느냐?

네가 내 안에 있기만 하면 물질적인 어떤 것을 생각하더라도 그것이 나타나 보이리라. 이와 동일한 법칙이 영적인 영역에도 그대로 적용되니 네 영적 성장에 유익이 되는 것만 생각하고 바라도록 주의하라.

사랑을 생각하면 사랑이 너와 네가 생각하는 모든 사람을 에워쌀 테지만, 적의를 품으면 악한 것들이 너와 네가 생각하는 모든 사람을 에워쌀 것이라.

JANUARY 1.21

가장 바쁜 날에도 찬양할 수 있을 때까지
A Crowded Day

내가 너와 함께하며 모든 것을 다스리고 있다는 것을 믿어라. 내가 말하면 그 무엇도 나를 거스를 수 없노라.

침착하라. 요동하지 말라. 두려워하지 말라. 너는 아직 많이 배워야 하느니라. 가장 바쁜 날에도 찬양할 수 있을 때까지 배워라. 가장 바쁜 날이야말로 나를 찬양하는 노래의 가장 훌륭한 반주라는 것을 기억하라. 네 주를 찬양하라! 사랑을 주제로 나를 찬양하는 노래를 불러라!

항상 기뻐하라. 춤을 추며 즐거워하라. 내 안에서 기뻐하며 내 안에서 쉬어라. 더욱더 기도에 힘써라. 내가 너의 조력자가 아니냐?

"그 영원하신 팔이 네 아래 있도다!"(신 33:27).

그 팔을 뿌리치지 말라. 피곤한 아이가 엄마의 팔 안에서 쉬듯이 그 안에서 쉬어라.

JANUARY 1.22

더 큰 훈련
Grey Days

나의 십자가 죽음은 세상을 구원하기 위함만이 아니라 내 제자들을 훈련시키기 위해 필요했느니라. 내가 승리의 예루살렘 입성을 한 것이나, 제자들의 발을 씻겨준 것이나, 겟세마네에서 고뇌한 것이나, 멸시를 받고 재판을 받아 십자가에 못 박혀 장사된 것이나, 이 모든 것이 내 제자들을 훈련하는 과정의 일부였느니라. 이 모든 단계가 제자들의 발전을 위해 꼭 필요했으니 네게도 그럴 것이라.

네가 어두운 날에 감사하지 못하면 네 심령이 내게 감사할 때까지 이 가르침을 되풀이하리라. 그러나 모든 사람에게 그런 것은 아니니 오직 나를 더 잘 섬기기 원하는 자들, 나를 위해 더 많은 일을 하기 원하는 자들에게만 그럴 것이라. 나를 위해 더 큰 일을 하기 원한다면 더 큰 훈련, 더 철저한 훈련을 받아야 하느니라.

JANUARY 1.23

네게 주리라
How Power Comes

모든 능력을 네게 주노라. 주는 것도 내 뜻이요 주지 않는 것도 내 뜻이지만 내 옆에 가까이 있는 영혼에게는 주지 않을 수 없구나! 내가 의식해서가 아니라 내 능력이 내 옆에 있는 자들에게 전해지기 때문이니라.

나의 임재 안에 살고 있는 영혼은 내 능력을 발산할 것이라. 나의 임재 안에 너를 가두는 법을 배워라. 그러면 바라는 모든 것, 곧 내 힘과 능력과 기쁨과 풍성함을 얻을 것이라.

JANUARY 1.24

한 번에 한 걸음씩
Your Great Reward

믿음을 달라고 기도하라. 주겠다는 대답을 들으리라. 그러나 내 안에 거하며 쇠약해진 무릎과 상한 심령으로 나를 바라보는 자들에게만 풍성하게 공급할 것이라. 아무것도 염려하지 말라. 나는 네 하나님, 너의 가장 큰 상급이니라. 그러니 위를 보며 "아무 문제없습니다!"라고 말하라.

나는 네 안내자이니라. 앞에 펼쳐진 길을 궁금해 하지 말라. 대신 한 번에 한 걸음씩 가라. 나는 제자들에게 좀처럼 앞길을 훤히 보여주지 않았으며, 특히 개인적인 문제에서는 더욱 그러하니 '한 번에 한 걸음'이 믿음을 기르기 위한 최선의 방법이기 때문이니라.

너는 해도(海圖)에도 없는 바다를 표류하고 있지만, 바다의 주인인 내가 함께하리라. 폭풍을 다스리는 내가 함께하리니 기뻐하며 노래하라. 완전한 자유를 주시는 하나님을 따르고 인간의 몸을 입어 스스로를 제한한 너의 주, 나를 따르라.

우주의 하나님인 내가 아기의 모습으로 태어나고 소년과 청년으로 장성함으로 나 자신을 제한함으로써 인간의 한계에 순응하지 않았느냐? 그러므로 영적인 것들에 관한 네 비전과 능력에 한계가 없다 해도, 잠깐 있다가 사라지는 일들에서는 인간의 한계에 순응해야 함을 깨달아야 할지니라. 그러나 내가 함께하리니 아무것도 두려워하지 말라. 제자들이 밤새도록 고기를 낚다가 한계에 이르렀을 때, 내가 가서 그물이 찢어지도록 많은 고기를 잡게 하지 않았더냐?

JANUARY 1.25

전적으로 굴복하라

Way of Happiness

삶의 순간순간 하나님께 전적으로 굴복하는 것이 행복의 토대이며, 하나님과 교제하는 기쁨을 맛보는 것이 그 토대 위에 세운 집이니라. 그런 곳, 그런 집을 마련해주려고 내가 하늘로 올라간 것이니라.

그런데 나를 따르는 자들이 이 약속을 오해하여 그 약속이 오직 하늘나라에서만 통용되는 것으로 여기기도 하느니라. 하늘의 상급과 기쁨을 얻기 위해 지금 이 순간 몸부림쳐야 한다고 종종 잘못 생각하고 있느니라.

네게 말하는 이 모든 것을 실행하라. 그리하면 땅에서도 온갖 깨달음과 통찰력과 비전과 기쁨을 소유할 수 있으리라. 하나님의 계획은 너의 가장 귀한 소망보다 훨씬 더 뛰어나니 하나님의 보호와 안위와 안내에 대해 늘 묵상하라.

JANUARY 1.26

잔잔하라
Keep Calm

네 영적 삶을 잔잔하고 평온하게 유지하라. 아무것도 걱정하지 말고 모든 것을 내게 맡겨라. 너의 가장 큰 사명은 흔들림 없이 나의 임재 안에서 잔잔해지는 것이니라. 오랜 축복의 삶이 순간의 요동으로 중단될 수 있음을 명심하라.

그 무엇이 안달하게 하든지 완전한 평온함이 찾아들 때까지 다른 모든 것을 중단하라. 이것이 네가 수행해야 할 임무이니라. '너'라는 수로가 요동쳐 막히면 내 능력이 다른 수로로 흐를 것이니라. 나의 능력이 너를 통해 흘러나가게 하라! 나는 수로 역할을 하지 않는 인생을 축복하지 않느니라. 내 영은 잠시라도 고인 물을 참지 못하느니라. 내 영의 능력은 계속 흘러야 하느니라.

모든 것, 모든 축복을 계속 전하라. 하루하루가 얼마나 귀한 축복인지 확인하라! 나의 임재 안에 거하라.

JANUARY 1.27

염려와 두려움을 떨쳐버려라
Height of the Storm

내가 함께하리니 아무것도 염려하지 말고 앞으로 나아가라. 건강과 힘과 평화와 행복 이 모든 것을 선물로 주리니 너는 그저 구하라!

영적 세계에는 빈 공간이라는 게 없으니 자아와 염려와 두려움이 네 삶을 떠날 때, 네가 그토록 갈망하던 영적인 것들이 몰려와 그 자리를 채울 것이니라. 만물이 다 너희 것이요, 너희는 그리스도의 것이요, 그리스도는 하나님의 것이라(고전 3:21-23). 그러므로 너는 하나님의 것이라.

그러니 두려워하지 말라. 염려하지 말라. 혼자서도 잘하는 수영 선수에게 구조자가 가겠느냐? 당연히 물에 빠져 허우적거리는 사람에게 가지 않겠느냐? 그 사람이 구조자를 맞이하는 기쁨보다 더한 기쁨이 어디 있겠느냐?

폭풍이 가장 사나워질 때까지 기다리는 것이 내 방법의 하나이니라. 내 제자들이 호수에 있을 때 내가 그렇게 하지 않았더냐? 나는 첫 번째 파도와 돌풍이 성내며 달려들 때 잠잠해지라고 명할 수 있었느니라. 그러나 그랬다면 내 제자들이 진리를 깨달을 수 있었겠느냐? 피난처와 안식처인 내가 가까이 있다는 것을 깨달았겠느냐?

이를 기억하라. 배에 있던 제자들은 내가 잠들어 자신들을 잊었다고 생각했느니라. 그들이 크게 오해했다는 것을 기억하라. 이것을 통해 힘과 확신을 얻어라. 기뻐하며 의지하는 법과 소망하며 기대하는 법을 배워라. 절대 근심하지 말라. 기쁨이 네 것이니라. 구조 받은 자의 기쁨이 네 것이 될지니!

JANUARY 1.28

세상의 길에서 완전히 돌아서라
Low Ambitions

걱정하지 말라. 섬기는 일로 바빠질까 염려하지 말라. 너는 모든 이들의 종이니라.

"너희 중에 누구든지 으뜸이 되고자 하는 자는 모든 사람의 종이 되어야 하리라"(막 10:44).

섬김은 내 제자들의 표식이니라. 나도 가장 하찮은 자들과 비천한 자들을 섬겼느니라. 그러나 그들이 나를 마음대로 하고 자신들을 위해 내 권세를 사용하지 않았느냐?

쓰임을 받아라. 모든 사람에게, 가장 낮은 자들에게, 지극히 작은 자들에게 쓰임 받아라. 너는 최선을 다해 다른 이들을 섬기고 있느냐? 어떻게 하면 최고의 섬김을 받을까 궁리하지 말고 어떻게 하면 최고로 섬길 수 있을까 생각하라. 이것을 하루의 목표로 삼아라.

하나님의 생각은 인간의 생각과 다르며 하나님의 길은 인간의 길과 다르니라. 범사에 나를 따르기 원한다면 지금까지 따르던 세상의 길을 완전히 거꾸로 돌려라. 그 반전이 네 삶에 한량없는 행복과 평화를 선사하리라.

인간이 이루려는 목표와 야망이 평화를 가져오느냐? 세상이 주는 상이 마음의 안식과 행복을 선사하느냐? 아니라! 서로 깨물고 뜯으며 싸우고 있지 않느냐? 세상으로부터 큰 보상을 받은 사람들조차 권태에 시달리고 낙심하지 않느냐?

"수고하고 무거운 짐 진 자들아 다 내게로 오라 내가 너희를 쉬게 하리라"(마 11:28).

누구든지 이 말을 듣고 내게 오는 자들은 쉼을 얻으리라. 나는 수고하고 무거운 짐 진 자들의 기쁨이요, 상한 심령의 찬미요, 병든 자들의 건강이요, 가난한 자들의 부유함이요, 배고픈 자들의 양식이요, 방황하는 자들의 집이요, 지칠 대로 지친 자들의 황홀한 기쁨이요, 쓸쓸한 자들의 사랑이니라.

JANUARY 1.29

나는 네 방패니 두려워하지 말라
I Clear the Path

"너는 여호와를 바랄지어다 강하고 담대하며 여호와를 바랄지어다"(시 27:14).

나는 네 방패니 두려워하지 말라. 내 안에 있을 때 모든 것이 다 잘되리라는 것을 확신하라. 그 누구도 네게, 너를 향한 나의 뜻 외에 다른 어떤 것으로도 해치지 못하도록 내가 너를 지키리라!

나는 미래를 알고 있느니라. 인간의 마음을 읽을 수 있고, 네게 무엇이 필요한지 너보다 더 잘 알고 있느니라. 그러니 나를 의지하라. 사악한 영들이 너를 마음대로 하지 못하게, 다른 사람들이 너를 농락하지 못하게 지켜주리라. 분명한 길로 인도하리라. 나를 향한 너의 뜻을 거스르는 자들을 네 길에서 치워주리라.

무슨 일이 일어나든지 두려워하지 말라. 내가 너를 인도하고 있느니라. 계획을 세우려고 애쓰지도 말라. 내가 이미 계획을 세웠느니라. 너는 설계자(architect)가 아니라 건축자(builder)이니라. 하나님께서 네게 가장 좋은 것을 주시리니 침착하고 평온하게 나아가라.

범사에 나를 의지하라. 네가 곤경에 빠진다면 내가 너를 위해 반드시 역사하리라. 반석 위에, 내 위에, 나를 믿는 믿음 위에 기초를 닦아라. 나에게 뿌리를 박고 터를 굳혀라. 네 모퉁이 돌인 내가 하나님임을 믿어라. 내 안에 있을 때 모든 것이 잘되리라는 것을 확신하라. 이것이 네가 할 일이니라.

범사에 나를 의지하라. 모든 일에 나를 의지하라. 다윗이 깊은 곳에서 부르짖었을 때(시 130:1)에도 내가 듣지 않았더냐? 내 안에 거하기만 하면 만사형통하리라.

JANUARY 1.30

사랑과 기쁨과 평화
The Soul at War

내가 함께하는 한 어떤 불행도 닥치지 않으리니, 아무리 참담한 일이라도 내가 축복하면 선(善)이 되기 때문이니라. 버림받았다는 느낌이 들더라도 결코 두려워하지 말라. 그때야말로 조용한 곳으로 물러나 나와 함께할 때니 그곳에서 능력과 회복과 기쁨과 치유를 발견하라.

뒤로 물러나는 시간, 세상과 떨어져서 나와 단둘이 사는 시간을 가져라. 그렇게 육신적, 정신적, 영적으로 휴식하고 원기를 회복하여 일어나 내가 맡긴 일을 수행하라. 감당할 수 있는 것보다 더 무거운 짐은 결코 지게 하지 않으리라.

사랑과 기쁨과 평화를 반갑게 맞아들여라. 생활에서 일어나는 개인적인 느낌이나 생각으로 이것들을 추방하지 않도록 주의하라. 각각 개별적으로 역사해 네 삶에 이적을 낳기도 하겠지만 서로 결합되었을 때 신체적, 정신적, 영적 영역에서 네게 필요한 모든 것을 자유자재로 조달해주리라.

네 인생의 모든 성패가 이런 놀라운 영역에 달려 있나니 너의 내적 삶이 옳은 방향으로 흐르고 있는지 살펴라. 그러면 무슨 일이든 이룰 수 있으리라. 이런 것들은 물질적인 영역으로 급히 돌진하는 것이 아니라 오로지 영혼의 전장에서만 얻게 되리라.

JANUARY 1.31

영혼을 구하기 위한 고난
Suffering Redeems

네가 겪는 모든 희생과 고난은 너를 구하기 위해, 가르치기 위해, 너를 들어 다른 사람들을 일으키는 데 쓰기 위함이라.

우연히 일어나는 일은 아무것도 없노라.

네가 유한한 인간의 마음으로 어찌 하나님의 마음과 그 기묘하신 역사를 다 이해하겠느냐? 나는 이미 완벽하게 짜여진 계획일지라도 사소한 것 하나 소홀히 하지 않았느니라.

FEBRUARY

아무것도 염려하지 말고
기도로 구하라

FEBRUARY 2.1

내가 축복하는 심령
Another Start

용기를 내라. 두려워하지 말라. 새로운 생활을 시작하라. 어제의 실수는 물리치고 새롭게 시작하라. 너에게 새로운 시작을 주리니 그것을 짐으로 여기지 말라. 불안해하지 말라. 내가 베푼 용서가 죄를 지어본 적이 없는 의로운 자들만을 위한 것이라면 용서받을 수 있는 자가 어디 있겠느냐?

내가 마리아에게 한 말을 기억하라.

"저의 많은 죄가 사하여졌도다 이는 저의 사랑함이 많음이라"(눅 7:47).

왜 그리 안달하며 염려하느냐? 내가 네게 아름다운 모든 것을 주려고 기다리는데 네 삶이 근심과 불안으로 더럽혀져 있으니 어찌된 일이냐? 정녕 내 보화를 마다하겠느냐?

나는 오직 기뻐하는 심령, 감사하는 심령만을 축복하노라. 항상 기뻐하고 항상 감사하라.

FEBRUARY 2.2

사랑을 실천하라
Practise Love

사랑의 결핍이 나의 축복을 가로막느니라. 모든 이들을 사랑하라. 너를 괴롭히든 그렇지 않든 모두 사랑하라. 사랑을 실천하라. 사랑의 스승이 여기 있으니 배워라.

   사랑하라. 그렇지 않고 어찌 내 안에 거한다고 말할 수 있겠느냐? 사랑하지 않는 자가 어찌 내게 올 수 있겠느냐? 사랑하라. 그리하면 구할 수 있는 것 이상으로, 상상 이상으로 넘치도록 축복할 것이라!

   내 능력에는 제한이 없나니, 네가 할 수 있는 일을 다하고 나머지는 내게 맡겨라. 평화와 신뢰가 찾아올 것이니라. 아무것도 염려하지 말라. 나는 너를 위한 중보(딤전 2:5), 너를 옹호하는 그리스도 예수니라!

FEBRUARY 2.3

사람들이 반대할 때
If Men Oppose

오직 믿기만 하라. 여리고 성은 무너졌느니라. 여리고 성을 잿더미로 만든 것이 도끼였더냐? 인간의 무기였더냐? 이스라엘 백성들이 내 뜻에 순종하여 찬양했기 때문이 아니었느냐?

마찬가지로 모든 벽이 네 앞에서 무너지리라. 땅의 권세가 너를 감당치 못할 것이라. 내가 이적을 일으키는 손으로 툭 건드릴 때 그 모든 것이 종이로 만든 집처럼 무너져 내릴 것이니라. 네 믿음과 내 능력, 이 두 가지만이 내 길로 걷기 위한 필수 요소이니 다른 것은 아무것도 필요치 않느니라.

그러나 네가 실수를 저지를 수도 있음을 깨우쳐주려고 내가 사소한 방해를 할 때도 있느니라. 한마디 말이나 생각이라도 나에게서 비롯된 것이 아니면 사라지리라. 나는 왕의 마음을 지배하고 다스리나니 모든 이들을 원하는 대로 움직일 수 있노라.

이 확신 안에서 평강을 얻으라. 나를 의지하라.

FEBRUARY 2.4

목발을 던져라
Drop Your Crutch

한 걸음 한 걸음 나아가라. 그렇게 나아갈 때 내 뜻을 계시하리라. 인간적으로 안심하지 못할 때라도 나를 신뢰하고 평온한 마음으로 감사하기를 중단하지 말라. 그때야말로 나를 신뢰하기 위한 법을 배울 만한 최적의 시기이니라.

"내 부모는 나를 버렸으나 여호와는 나를 영접하시리이다" (시 27:10).

이것이 말 그대로 나를 의지하는 것이니라. 인간적인 뒷받침이나 물질적인 도움은 목발에 지나지 않으니, 네가 그 목발을 집어던질 때 비로소 내 능력이 역사하기 시작하느니라. 나는 목발만 의지하는 자에게는 걷는 법을 가르치지 않느니라.

그러니 너를 지탱하고 있는 그 목발을 던져라. 그리하면 내 능력이 너를 생동하게 하여 승리의 길로 인도하리라. 내 능력을 제한하지 말라. 내 능력은 무한하도다!

FEBRUARY 25

마음과 마음으로 이야기할 날
You Shall Know

나와 동행하라. 내가 가르칠 것이라. 내게 귀 기울여라. 내가 말할 것이라. 온갖 저항과 장애에 굴하지 말고 계속 나를 만나라. 내 음성이 들리지 않더라도 계속 나를 만나라. 그리하면 마음과 마음으로 이야기할 날이 반드시 오리라.

네가 이런 만남을 지속해서 생활 습관으로 삼을 때, 내가 갖가지 기이한 방법으로 내 뜻을 계시하리라. 너는 현재와 미래에 대해 더 확실한 지식을 얻게 되리라. 규칙적으로 나를 만나러 올 때 그 보상을 받을 것이라.

인생은 학교이니라. 거기에 많은 선생이 있지만 네 인생의 문제와 어려움을 나보다 더 명확하게 설명할 수 있는 이가 없다는 것을 진실로 믿고 또 믿어라.

FEBRUARY 2.6

하나님의 갈망이 채워질 때
God's Longing

나는 듣는 귀에게 말하고 기다리는 심령에게 가노라! 그러나 때로는 말하지 않을 때도 있으리라. 나의 임재 안에 거하며 내가 함께 있음을 의식하라고 요구할 때도 있으리라.

내가 땅에 있을 때 치유나 가르침이나 주린 배를 채우기를 열망하여 내 주변에 몰려들었던 군중들을 생각해보라. 내가 그들의 필요를 충족시키고 다양한 요구를 들어줄 때, 그들 가운데 한두 사람이 단지 내 옆에 가까이 있기 위해, 단지 내 임재 안에 거하기 위해 나를 따라왔다면 그들을 보았을 때 내 마음이 어떠했겠느냐? 나의 갈망이 그 한두 사람 때문에 채워지지 않았겠느냐?

오직 내 안에 거하기 위해, 내 옆에 가까이 있기 위해, 나를 구하기 위해 나를 찾고 있음을 보여라! 그때 내 영원한 심령이 만족하리라. 사랑받고자 하는 인간의 갈망은 하나님의 마음에서 옮겨 붙은 것이라. 지금 너를 축복하리니 머리를 조아려라!

FEBRUARY 2.7

내가 너의 영영한 빛이 되리라
Light Ahead

나를 믿고 두려워하지 말라. 네 인생을 놀라운 일들로 가득 채우리니, 내가 하는 일들을 아이처럼 믿는 눈으로 바라보라. 두려워하지 말라. 지금은 어둠의 터널을 지나고 있지만 몇 발짝만 더 내디디면 내 능력을 보고 알리라. 내가 너를 인도하는 영영한 빛이 되리라.

고통 중에 울부짖는 네 외침이 하늘에 계신 하나님의 귀에 전해졌노라. 하나님께서 들으셨으니 응답하시리라. 심령 깊은 곳에서 터져 나오는 외침, 인간의 연약함을 깨닫고 하나님의 능력을 구하는 외침, 믿음과 신뢰의 외침만이 하나님의 귀에 들리느니라.

하나님께서 너의 부르짖음을 들으셨으니 응답하시리라. 떨리는 마음으로 이를 기억하라. 하나님께서 네 기도에 응답하시리라.

FEBRUARY 2.8

기다림의 시험
On Me Alone

나는 너의 주, 공급하는 하나님이라. 나를 의지하라. 마음과 정성과 힘을 다해 나를 의지하라. 나를 신뢰하고 아무것도 염려하지 말라. 오직 하나님의 능력만 의지하라. 너를 잊지 않고 있으니 이제 도우리라. 내 능력을 깨달아 알게 하리라.

가장 뜨거운 불에 제련된 믿음은 인내를 아나니 기다려라. 소망을 가지고 내 안에서 기뻐하라. 사람을 의지하지 말고 나를 의지하라. 네 힘이요 도움이요 공급자인 나를 의지하라.

나를 위해 무엇을 하려면 먼저 중요한 시험을 치러야 하느니라. 그 시험은 네 삶의 진정한 공급자가 나인지 아닌지 네 자신을 살피는 것이라. 길을 보일 때까지 기다려라. 나는 '기다림의 시험'을 통과한 영혼에게만 승리의 면류관을 씌워주느니라.

네가 맛볼 기쁨이 그 어떤 기쁨보다 더할 테지만, '시작하라'는 내 명령을 기다리지 못하면 결코 승리의 면류관을 받지 못하리라. 내가 공급자임을 깨달은 영혼은 결코 근심하지 않노라.

FEBRUARY 2.9

하나님의 음성
The Voice Divine

하나님의 음성이 언제나 말로 표현되는 것은 아니니 마음의 의식으로도 알 수 있느니라.

FEBRUARY 2.10

생명줄을 붙잡으라
The Life Line

나는 너의 구세주, 죄의 속박과 인생의 모든 염려와 괴로움과 질병의 고통에서 너를 구해낸 구세주이니라. 나를 바라보아 건짐을 받고 나를 의지하여 도움을 얻어라. 전에 내 종 하나가 거친 파도와 물결이 덮친다고(시 42:7) 한탄했으나 고통의 깊은 바다가 그 종을 삼키지 못했으니 이는 그 종이 노래한 대로 내가 높은 곳에서 손을 뻗어 그를 깊은 물속에서 건져냈기(시 18:16) 때문이었노라.

하나님께서 영혼들에게 생명줄, 곧 구명줄을 던지시며 믿음과 능력을 주시나니 그 밧줄은 실로 굵고 튼튼하여 그것으로 나와 연결된 영혼은 누구도 가라앉지 않으리라. 나를 신뢰하라. 결코 두려워하지 말라.

나무를 보아라. 겨울이 되면 아름다운 잎을 잃고 가지치기로 몸이 잘려나가지만, 죽은 듯 보이는 거무스름한 가지를 통해 생명의 수액이 묵묵히, 비밀스레 흐르느니라. 이윽고 나무가

봄기운을 받으면 새싹과 봉우리를 틔우고, 결실의 계절에 열매를 맺게 되느니라. 가지치기를 했을 때보다 몇 배나 더 많은 열매를 맺지 않느냐?

네가 뛰어난 정원사의 손에 맡겨진 나무라는 것을 기억하라. 정원사의 가지치기에는 실수가 없으니 기뻐하라. 기쁨은 인간의 영혼이 내게 감사를 전하는 것이라. 기쁨은 나무에 새 생명을 주는 수액이요, 아름다운 열매를 맺기 위해서 햇빛을 향해 가지를 쭉 뻗는 것이라. 결코 기뻐하기를 멈추지 말고 항상 기뻐하라.

FEBRUARY 2.11

너는 기다려라
The Difficult Path

네가 갈 길은 어려운 길이니라. 기다리는 것보다 더 어려운 일이 인생에 없으나 너에게 말하노니 기다려라! 내 뜻을 보일 때까지 기다려라. 이처럼 어려운 일을 맡긴 까닭은, 너를 사랑하며 네가 나의 참 제자임을 확신하기 때문이니라.

기다려라! 경망스레 움직이는 것이 조용히 기다리는 것보다 훨씬 더 쉬운 탓에, 나를 따르는 많은 자녀들이 경솔한 행동으로 자신들의 일을 망치고 내 나라의 확장을 훼방했도다.

감당할 수 없는 가혹한 시련은 주지 않으리니(고전 10:13) 기다려라. 너는 지금 뗏목을 타고 망망대해에 떠 있는 가련한 사람과 같은 처지이지만 보라, 인자(人子)와 같은 어떤 이가 물 위를 걸어 네게 오고 있노라. 그가 올 때 영접하라. 그러면 제자들이 체험한 것을 너도 체험하리니 네가 가려는 곳에 속히 가게 되리라. 네가 부지런히 노를 저으며 수고한다고 이 여정이 더 빨리 끝나는 것이 아니니 두려워하지 말고 신뢰하며 기다려라.

FEBRUARY 2.12

어디서나 나를 만나라
Meet Me Everywhere

인생이란 언제 어디서나 나를 의식하는 것이라. 아무것도 염려하지 말라. 실로 아름다운 미래가 네 앞에 놓여 있으니 새로운 삶을 살라. 새로운 존재가 되어라. 무슨 일이나 사건이 일어나든지 언제나 나를 의식하라.

"영생은 곧 유일하신 참 하나님과 그의 보내신 자 예수 그리스도를 아는 것이니이다"(요 17:3).

이 말씀을 언제나 기억하라. 그리하면 영원한 생명을 얻을 것이요, 이 시대에서도 생명을 얻으리라. 범사에 내 영의 인도를 받고 나를 의지하라. 나를 의식하면 언제나 기쁨이 충만하리니 나를 신뢰하라. 그리고 나를 기뻐하라.

FEBRUARY 2.13

목표가 가까웠도다
Near the Goal

장거리 경주에 임하는 선수의 심장과 체력과 근육이 인간의 한계를 뛰어넘어 거의 폭발할 지경에 이르는 때는 바로 목표가 눈앞에 보일 때니라.

목표를 바로 눈앞에 둔 너는 마지막으로 내게 부르짖어야 하느니라. 지난 며칠 동안 네 체력이 거의 바닥났다는 것을 알지 못하느냐? 용기를 내라. 격려의 목소리를 들어라. 네 곁에 내가 있음을, 네가 승리하도록 격려하고 있음을 기억하라.

하늘의 연대기에서 가장 슬픈 것은, 강인한 심장으로 잘 달리다가 승리의 목표점을 눈앞에 두고 용기를 잃은 자들에 대한 기록이니라. 목표가 가까웠으니 마지막 전력을 다하라고 천군천사가 소리쳤건만 그들은 그만 낙오하고 말았도다!

만약 네가 침묵 속에서 내 음성을 경청하듯이 그들이 내 목소리를 들었더라면 낙오하지 않았으리라. 그러므로 세미한 음성만이 아니라 들을 귀도 있어야 하느니라.

FEBRUARY 2.14

내 임재의 능력
In My Presence

나와 함께하는 '회복의 시간'이 없었다면 너는 벌써 근심의 무게에 짓눌려 주저앉았을 것이라. 지금까지 너를 지탱한 것은 내 말이 아니라 나 자신이요, '내 음성을 들은 것'이 아니라 '내 임재 안에 거한 것'이니라.

이 치유의 힘과 북돋우는 힘을 네가 어찌 알겠느냐? 인간의 헤아림으로는 그런 지식을 얻을 수 없느니라. 믿는 영혼들이 홀로 있을 때나 모일 때 어느 때나 나의 임재 안에 거하며 내 뜻을 기다린다면, 가련하게 병든 세상을 치유하고도 남으리라.

나와 함께하는 시간이 반드시 있어야 한다는 것을 기억하라. 그렇게 하기만 하면 네가 점차 변화되어 나를 닮을 것이며, 너를 보거나 접촉하는 사람들 역시 친밀한 사귐의 시간을 통해 내게 가까이 올 것이니 마침내 그 영향력은 세상에 널리 확산되리라.

너는 지금 이 땅의 한 곳을 성소로 만들고 있느니라. 이게 무슨 말인지 알겠느냐? 과업을 수행하기 위해 신실하게 일하는 것은 당연하니라. 하지만 나와 함께하는 이 시간이, 네가 지금 하고 있는 일이나 할 수 있는 일 가운데 가장 크고 귀한 일임을 기억하라.

너의 모든 생각과 행위와 기도와 갈망이 내게 상달되고 있다는 것을 알고 있느냐? 기뻐하라. 내가 함께 있느니라. 내가 세상에 온 것은 사람들을 이끌어 하나님과 일대일로 영적인 대화를 나눌 수 있도록 하기 위함이었노라.

FEBRUARY 2.15

너를 쓰리라
Inspiration-Not Aspiration

내가 너를 쓰리라. 하나님이 주시는 능력은 결코 부족함이 없나니 그 능력을 받은 자는 세상의 어떤 일이라도 능히 감당하리라. 나는 지금 세상을 다시 만들기 위해 사용할 도구를 찾고 있노라.

세상에는 초인이 필요하지 않느니라. 오히려 인간의 본성을 끈질기게 부정하는 나의 자녀들, 자신의 삶에서 자아를 추방해 하나님이 주시는 능력으로 살아가는 제자들이 필요하니라. 이 나라의 정치가들이 내게 쓰임을 받기 위해 순복한다면 당장 내일이라도 이 나라 전체가 구원을 받게 되리라.

하나님이 주시는 영감으로 네 인간적인 열망을 대체하라. 사람의 일을 생각하지 말고 오직 하나님의 일만 생각하라. 그리하면 내가 너를 쓰리라!

FEBRUARY 2.16

요동하지 말라
Never Ruffled

나를 만나기 위해 시간을 따로 떼어놓았으면 오직 나를 갈망하며 조용히 기다려라. 신선한 공기를 마시듯 나를 갈망하는 숨을 들이마셔라. 그리하면 내 음성을 듣지 못하더라도 충분한 보상을 받으리라.

잠잠하라. 요동하지 말고 내 앞에서 기다려라. 내 인내와 겸손과 평온함을 배워라. 언제쯤이면 네 마음이 잔잔한 물결처럼 고요해지겠느냐? 내 교훈을 깨닫는 것이 왜 이렇게 더딘 것이냐? 일과 염려가 분주히 달려들수록 침묵 가운데 나를 더 구하라. 법석을 떨면 아무것도 이룰 수 없느니라. 가장 분주한 날에 가장 평온해지는 법을 배워라.

FEBRUARY 2.17

껍질에 집착하지 말라

Psychic Powers

심적인 능력이 반드시 영적인 능력은 아니니라. 물질적인 수단으로 영적인 것들을 구하지 말라. 그것이 땅의 진흙으로 아름다운 영의 날개를 누르는 것임을 곧 깨달으리라.

   이 시간이 질문을 던져 답을 얻는 시간이 아니라 나와 깊이 교제하는 시간이 되기를 간절히 사모하라. 친밀하게 교제하며 나를 만나라. 그것이 내가 공급하는 영의 양식이라.

   완벽한 교회를 기대하지 말라. 대신 교회 안에서 내게 더욱 더 가까이 오는 수단을 찾도록 노력하라. 오직 그것만이 중요하니 다른 많은 것들은 껍질과 같아 벗겨져 사라지리라. 껍질에 집착하지 말라. 진리를 붙잡고 참된 생명의 떡인 나를 발견하라. 참 생명이 중요할 뿐 외형적인 교회는 껍질에 지나지 않느니라. 그러나 사람에게 생명의 알곡을 주기 위해서는 껍질도 필요하느니라.

FEBRUARY 2.18

하나님 손에 맡겨라
Let Me Do It

묵상하는 시간을 결코 빼먹지 말라. 내가 너에게 무엇을 깨우쳐주기 때문이 아니라 네 연약한 본성을 하나님의 무한한 능력에 연결할 수 있기 때문이니라. 하나님의 능력이 이미 역사하기 시작했노라. 하나님께서 너를 풍성히 축복해 능력을 주실 것이나 오직 내 뜻대로 할 때만 그러하리라.

너는 지금 해야 할 일이 많다고 여길 테지만 네가 마땅히 할 일은 단 한 가지, 네 삶을 하나님의 능력에 연결하는 것이라. 곧 네 삶이, 아침마다 솟아오르는 태양처럼 나아가게 되리라.

어려움과 염려를 조급히 호소하기보다 조용히 하나님 손에 맡길 때 하나님께서 귀 기울이심을 명심하라. 아이가 엉킨 실타래를 풀어달라고 떼를 써도 들어주지 않는 엄마로 여긴다면 그 엄마의 마음이 아프지 않겠느냐? 그러나 확신에 차서 엄마의 손에 믿고 맡긴다면 그 엄마의 마음이 기쁘지 않겠느냐? 너도 하나님을 믿고 아무것도 걱정하지 말라.

FEBRUARY 2.19

인내하라

Endure

어려움을 만날 때마다 더 사랑하고 웃어라. 내가 함께한다는 것을 확신하라. 지난 며칠간의 네 삶이 모든 것을 말하고 있으니 나를 실망시키지 말라. 그리하면 나도 너를 실망시키지 않으리라. 내 사랑 안에서 안식하라.

기도했지만 끝까지 인내하지 못해 응답을 받지 못한 내 자녀들이 실로 많도다. 그들은 기도 응답이 지체된다고 생각하고 스스로 행동한 탓에 내가 그들을 위해 역사하지 않았노라. 내 말을 기억하라.

"끝까지 견디는 자는 구원을 얻으리라"(마 24:13).

너는 끝까지 견딜 수 있느냐? 그렇게 하면 진정 구원을 얻으리로다. 용기와 사랑과 웃음으로 끝까지 견뎌라. 자녀들아! 내 훈련이 너무 어렵다고 생각하느냐?

많은 사람들이 모르는 은밀한 보물창고의 열쇠를 너에게 주리라. 네 부르짖음을 하나도 빼놓지 않으리라. 내가 너를 돕기 위해 진정 함께하느니라. 내가 말한 대로 행하라. 아무리 사소한 일일지라도 내 기쁨을 위해 행하라.

    내가 말한 것들을 무조건 따를 때 영적, 정신적, 물질적인 성공을 얻으리라. 침묵 속에서 기다리며 내 임재를 의식하라. 내 임재 안에서 살아갈 때 네 영혼의 안식과 능력과 기쁨과 평화를 얻으리라.

FEBRUARY 2.20

네 권리를 주장하라
Claim Your Rights

"아무것도 염려하지 말고 오직 모든 일에 기도와 간구로, 너희 구할 것을 감사함으로 하나님께 아뢰라"(빌 4:6).

그러나 구걸하지는 말라. 필요한 것을 주인에게 알리는 관리처럼, 주인에게 문제를 알리면 즉시 해결된다는 것을 아는 관리처럼 오라! 나는 네게 공급하기를 갈망하노라.

그러나 네 '간구'와 '믿음의 확신'이 필요하도다. 그런 식으로 나와 접촉하는 것이 네게 아주 중요하기 때문이라.

더 많은 믿음을 달라고 기도하라. 그리하면 내 도움이 신속히 임하리라.

FEBRUARY 2.21

더욱더 경계하라
Nothing Can Hurt

내 길은 뚜렷이 보이느니라. 미리 앞서서 보려고 애쓰지 말라. 한 번에 한 걸음씩 나와 함께 나아가라. 천군천사가 알고 있는 그 빛, 의로운 태양이신 하나님께서 너를 인도하리라. 그러나 네 자아가 그 길을 어둡게 할 수 있으니 지진이나 화재 등 외적인 힘을 두려워하는 것보다 네 영혼이 근심하거나 요동하거나 안달하지 않도록 더욱더 경계하라.

마음의 평온이 깨졌음을 느낄 때 나와 함께하라. 네 심령이 노래할 때까지, 모든 것이 강해지고 잔잔해질 때까지 벗어나지 말라. 네 안에 고요함이 깨졌을 때 마귀는 그 틈을 노리니 교활한 마귀가 네 영혼을 포위하고, 방비가 허술한 지점을 날카롭게 노려 그 틈으로 화살을 쏘아 파괴하느니라.

그러나 너는 그저 평온함을 잃지 않고 행복해하기만 하면 된다는 것을 기억하라! 나머지는 하나님께서 처리하시리라. 어떤 사악한 힘도 내 능력을 훼방하지 못하나 네 자아는 그리할 수 있느니라. 하나님의 군대가 너를 돕기 위해 대열을 갖추고 있으니 그 군대가 네 쪽으로 진군하지 못하도록 네 가련하고 형편없는 자아가 훼방하는 것은 아닌지 살펴보라.

FEBRUARY 2.22

나를 신뢰하라
You Must Trust

전적으로 나를 신뢰하라. 너는 지속적인 도움과 인도와 안내가 필요한 인간이로다. 이스라엘 백성들은 약속의 땅에 훨씬 더 빨리 들어갈 수도 있었으나 의심과 두려움으로 물러나 광야를 방황했노라. 의심은 언제나 일을 지체시킨다는 것을 기억하라! 너는 내게 모든 것을 맡기고 있느냐?

네가 살아갈 방도와 해야 할 일들을 내가 이미 일렀도다. 내가 너를 사랑하노라. 나의 다정한 사랑을 신뢰하라. 내 사랑이 너를 결코 실망시키지 않을 테니 너도 나를 실망시키지 말라.

내 말을 깨닫고 있느냐? 두려움을 몰아내고 평온함을 찾기 위해 네가 배워야 할 것들이 아직도 많구나. 네 모든 의심이 나의 일을 지체시키니 절대 의심하지 말라. 내가 너를 죄와 의심과 염려로부터 구원하기 위해 죽은 것이 아니더냐? 나를 믿어라. 전적으로 신뢰하라.

FEBRUARY 2.23

치유의 비밀
Secret of Healing

활기찬 삶, 기쁨으로 가득한 삶을 사랑하라. 기운을 내라! 따스한 햇살 아래 마음껏 쉬어라.

가능하면 자연을 만끽하라. 태양과 공기는 내적인 기쁨처럼 내가 주는 치유의 힘이니라. 네 오염된 혈액을 건강한 생명의 혈액으로 바꾸느니라.

그러나 몸과 마음과 영혼의 참된 치유가 내면으로부터 온다는 것을, 네 영이 내 영과 친밀하게 사랑으로 사귈 때 온다는 것을 절대 망각하지 말라.

FEBRUARY 2.24

모든 것을 나눠라
Share Everything

내 영이 하는 일들은 결코 소란스럽지 않으니라. 너는 이미 사랑으로 다른 사람들을 끌어당기고 있지만, 너에게 오는 사람들을 내가 보낸 사람들로 여겨 왕처럼 환대하라.

너를 위해 세운 나의 계획들이 너를 놀라게 하리라. 네 마음에 이끌려 찾아오는 모든 이들을 환대하라. 그들을 위해 당장 할 일이 없을 수도 있고, 그들이 오늘은 너를 필요로 하지 않을 수도 있으며, 내가 낯선 방문객을 너에게 보낼 수도 있지만 그들이 무엇을 원하든 응하라. 누구에게도 불청객이라는 인상을 주지 말라.

네 사랑과 기쁨과 행복과 시간과 음식을 모든 이들과 나눠라. 그리하면 실로 기이한 일들을 펼쳐 보이리라. 지금은 그 일들의 봉오리만 볼 수 있을 것이나 꽃이 만개하면 그 찬란함을 말로 형언하지 못하리라.

내 말을 믿고 행하기만 하면 사랑과 기쁨과 평화가 충만하리

라. 대가를 바라지 않는 즐거운 마음과 넓은 손으로 사랑을 베풀어라. 네가 할 수 있는 모든 것을 베풀어 다른 사람들을 위해 사용하라. 헤아릴 수 없는 복을 받으리라.

FEBRUARY 2.25

정복하는 법
How to Conquer

기쁨은 세상의 모든 질병과 영혼의 모든 괴로움을 치유하는 향유이니라. 사랑과 기쁨이 하지 못하는 일은 없노라. 목표를 높이 설정하라. 너를 둘러싼 세상을 정복하라. 모든 의심과 죄와 악한 것들과 두려움이 고개를 들 때 그저 "예수께서 정복하신다!", "예수께서 구원하신다!"라고 말하라.

어떤 악도 네 말을 거스르지 못하리니, 다른 이로서는 구원을 얻을 수 없나니 천하 인간에 구원을 얻을 만한 다른 이름을 우리에게 주신 일이 없기 때문이니라(행 4:12). 부족할 때 "예수께서 가난으로부터 구하신다!"라고 말하라. 두려울 때 "예수께서 두려움으로부터 구하신다!"라고 말하라. 모든 질병에 대해서도 이렇게 말하라. 그리하면 태양이 솟을 때 어둠이 지나듯 모든 질병이 사라지리라.

FEBRUARY 2.26

신속히 도우리라
Swift Help

네 삶에 부족한 것이 없나니 모든 것이 진정 네 것이기 때문이라. 그러나 너에게 그것을 아는 믿음이 없구나! 왕의 자녀로서 왕실의 풍성한 보화를 옆에 두고도 넝마를 쓰고 앉아 있으니 어찌된 일이냐?

사막의 목마른 여행자가 비와 물을 갈구하듯이 더 많은 믿음을 달라고 기도하라. 그리하면 내 도움이 신속하고도 강력하게 임하리라.

내가 너를 결코 실망시키지 않으리라 진정 확신하느냐? 네가 숨 쉬고 있음을 결코 의심하지 않는 것처럼 확신하고 있느냐? 너를 찾아와 돕겠다고 말하는 친구는 전적으로 신뢰하면서 어찌 나는 신뢰하지 않는 것이냐? 믿음이 부족한 자녀들아! 실로 가련하도다! 믿음이 자라게 해달라고 날마다 부지런히 기도하라!

FEBRUARY 2.27

내 손길을 느껴라
Spirit Sounds

시간을 내어 기도하라. 나와 단둘이 있는 시간을 더 많이 가져라. 오직 그렇게 해야 네가 번성하리라. 내 영의 음성을 듣는 것이 세상의 모든 소음을 듣는 것보다 훨씬 더 귀하다는 것을 깨달아라. 내가 함께하노니 이를 확신하고 위안을 받으라. 나아가 네 심령을 환희로 가득 채워라.

때로는 내 음성을 듣는 것도 구하지 말라. 대신 침묵 속에서 내 영과 영으로 교제하기를 구하라. 두려워하지 말라. 모든 것이 다 잘되리라. 내가 말한 것뿐 아니라 내가 행한 것들도 묵상하라. 그 옛날 내가 한 여인의 손을 잡았을 때 열병이 떠나갔음을 기억하라. 많은 말이 아니라 순간의 접촉으로 그녀의 병이 나았느니라(막 1:31).

내 손길은 치유의 능력이 있나니 그 손길을 느껴라. 내 임재를 의식하라. 그리하면 일과 염려와 두려움의 열병이 녹아 없어지고 건강과 기쁨과 평화가 그 자리를 대신하게 되리라.

FEBRUARY 2.28

성장하는 시간
Perfect Work

나와 둘만 있는 시간을 더 많이 가져라. 그 시간에 힘과 기쁨이 흘러나와 네 인간관계와 일을 더욱 풍요롭게 하리라. 기도하는 시간은 성장하는 시간이니라. 기도하는 시간을 줄이면 아무리 많은 시간을 일에 투자해도 무익하리라.

하늘의 가치는 땅의 가치와 다르니라. 하늘에 계신 가장 큰 일꾼께서는, 항상 일하지만 좀처럼 성과를 내지 못하는 형편없는 도구보다 잠시 일하더라도 완벽한 성과를 내는 예리하게 날이 선 도구를 훨씬 더 귀하게 여기시느니라. 이를 기억하라!

MARCH
내 능력이 약한 데서 온전해짐이라

MARCH 3.1

사랑을 쏟아라!
Shower Love

네 부르짖음을 언제나 빠짐없이 듣고 있노라. 세상의 많은 이들이 내게 부르짖고 있지만 내가 말할 때까지 기다리는 사람은 없구나! 내가 네 영혼에 하는 말을 들어라. 나의 말은 생명이니 내 말을 듣는 것이 곧 생명과 치유와 힘을 발견하는 것이라. 범사에 나를 신뢰하라. 모든 이들에게 사랑을 쏟아라. 그리하면 보답이 속히 오리라.

네가 원하는 것은 나에게 맡기고 오직 내가 원하는 것을 행하라. 그리하면 네가 원하는 것을 내가 행하겠노라. 나를 구세주와 왕으로 대할 뿐 아니라 사랑하는 친구처럼 친밀하게 대하라. 내가 너를 위해 정한 규례들을 지켜라.

지속적으로 인내하고 사랑의 마음으로 견디며 소망을 품고 믿음으로 지켜라. 그리하면 모든 어려움의 산들이 낮아질 것이요, 거친 가난의 땅이 평탄해질 것이요, 너의 주 내가 천지의 주관자임을 너를 아는 모든 사람이 깨달으리라. 사랑을 쏟아라!

MARCH 3.2

내 말이 영이요 생명이라

Spirit Words

"살리는 것은 영이니 육은 무익하니라 내가 너희에게 이른 말이 영이요 생명이라"(요 6:63).

내가 제자들에게 한 말들뿐만 아니라 지금 네게 이르는 말도 영이요 생명이라. 이것은 네가 세상 것을 통해 영의 교통을 구하지 않은 것에 대해 내가 주는 상급이니라. 세상 것을 통해 영의 교통을 구하는 자들은 네가 지금 알고 있는 것과 같은 절정의 환희와 경이로움과 영의 교통을 결코 알지 못하리라.

넘치는 생명력과 기쁨과 평화와 치유의 능력이 네 것이니라. 처음에는 내가 너에게 주는 이런 능력들을 믿지 못할 테지만, 점차 분명히 깨닫게 되리라. 내가 열두 제자들을 둘씩 보내며 더러운 귀신을 제어하고 갖은 질병을 치유할 권세를 주었을 때(막 6:7-13), 그들 역시 내 능력이 자기들에게 임한 것을 처음 느끼고 무척 놀라지 않았겠느냐?

MARCH 3.3

자신의 약함을 깨닫는 것

Grow Like Me

항상 나를 생각하고 나를 바라보아라. 그리하면 어느 순간 나를 닮을 것이라. 지금은 잘 모르더라도 내게 가까이 오면 올수록 네가 나를 닮지 않았음을 더 확실히 느끼리라.

하지만 자녀들아, 실망하지 말라. 네가 자신을 도무지 못 미더워하는 사실은 네가 점점 나를 닮아가고 있다는 확실한 징표이니라. 네가 다른 사람들을 내게 가까이 오도록 돕기 원한다면 그 기도는 반드시 응답되리라.

분투하는 자들은 아플 수밖에 없느니라. 신체적으로나 정신적으로나 영적으로 나태한 자들은 자신의 부족함이나 결함을 알지 못하지만 분투하고 노력하는 자들은 자신의 약함을 깨닫느니라. 그러나 그 역시 생명의 징표요, 영적 성장의 징표이니라. 기억하라! 내 권능은 약한 자 안에서 완전히 드러나느니라 (고후 12:9).

MARCH 3.4

성결과 행복의 열쇠
Key to Holiness

자녀들아! 내게 가까이 오라. 나와 접촉하는 것이 모든 문제의 해결책이니라. 네 생각만이 진리라는 독단을 물리치고, 너와 생각이 다른 모든 사람을 사랑하고 따스하게 보듬어주어라. 자아를 버리는 것이 성결과 행복의 열쇠이나 그것은 오로지 내 도움으로만 이룰 수 있느니라. 나에 대해 더 배워라. 나의 임재 안에 살며 나를 예배하라.

나는 겟세마네에서 "만일 할 만하시거든 이 잔을 내게서 지나가게 하옵소서"(마 26:39)라고 아버지께 기도했지 슬픔의 잔을 마실 수 없다고 말하지 않았노라. 나는 채찍에 맞고 침 뱉음을 당하고 십자가에 못 박혔을 때 "저희를 사하여주옵소서 자기의 하는 것을 알지 못함이니이다"(눅 23:34)라고 아버지께 기도했지 그런 죽음이 부당하다고 항의하지 않았노라.

내 제자 베드로가 십자가를 피하라고 간청했을 때에도 "사탄아 내 뒤로 물러가라"(마 16:23)라고 꾸짖었지 칭찬하지 않았노라. 제자들이 간질에 걸린 소년을 고치지 못했을 때 "기도 외에 다른 것으로는 이런 유가 나갈 수 없느니라"(막 9:29)라고 가르쳤지 내 능력으로 고쳤다고 자랑하지 않았느니라.

성경이 "주께서는 눈이 정결하시므로 악을 차마 보지 못하시며"(합 1:13)라고 한 것은 사람들 마음이 악하다는 의미이니라. 나는 언제나 인간에게서 선한 것을 찾고 있나니 예루살렘을 내려다보며 눈물을 흘렸던 것(눅 19:41)도 바로 그런 까닭이었느니라. 네 자아를 제거하는 것이 성결과 행복의 열쇠니라!

MARCH 3.5

두려움은 악한 것이라
Fear Is Evil

"온전한 사랑이 두려움을 내어쫓나니"(요일 4:18).

두려워하지 말라. 두려움은 악한 것이라. 내가 거하는 심령 안에는 두려움이 머물 만한 방이 없느니라. 두려움은 소망을 파괴하느니라. 사랑과 두려움, 믿음과 두려움은 공존할 수 없노라. 두려움은 세상의 저주이니 사람들이 가난과 외로움과 질병과 실업을 두려워하는 까닭이 그 때문이라.

사람들끼리만 두려워하는 것이 아니라 나라끼리도 두려워하나니 세상에 두려움 없는 곳이 없도다. 그러나 역병과 싸우듯 두려움과 싸워 네 가정과 삶에서 두려움을 추방하라. 찬양하며 싸우라. 힘을 합쳐 싸우라.

두려움은 악한 것이니 어떤 경우라도 동맹을 맺지 말라. 오히려 두려움과 동맹을 맺었을 때 하나님께 받을 꾸지람과 형벌을 두려워하라. 내 원수 두려움을 고용하는 일은 나를 위한 것이 아니니 두려움을 물리쳐라. 내게 구하면 길을 보이리라.

MARCH 3.6

사랑하라, 웃어라
Love and Laugh

나를 위해 일하라. 나와 함께, 나를 통해 일하라. 내 영 안에서 일할 때라야 쇠하지 않으리라. 내 영은 언제나 고요히 일하나니 내 영을 따르는 영혼 또한 점진적으로 내 나라로 인도함을 받을 것이라.

사랑과 웃음은 씨 뿌릴 땅을 가는 쟁기를 만들어내느니라. 굳은 땅에는 씨를 뿌릴 수 없으니 땅을 갈아라! 내가 알려준 쟁기로 네 땅을 경작하라!

MARCH 3.7

기쁨의 깜짝파티
Surprises

내가 인간을 시험하고, 훈련하고, 내 뜻에 굴복시키는 엄한 주인이라고 생각하는 이들이 많구나. 물론 나는 제자들에게 자기 십자가를 지라고 명령했지만, 호숫가에서 손수 아침을 지어 먹이기도 하였느니라(요 21:1-14). 내가 사천, 오천의 군중을 먹인 것(막 8:1-10 ; 마 14:13-21)은 그들의 절박한 필요를 충족하기 위함이었으나 제자들에게 아침을 먹인 그 일은 기쁨의 깜짝파티였노라.

네가 마음이 통하고 좋아하는 이들을 깜짝 놀래주기를 좋아하듯이 나도 그러하니라. 나는 내 사랑과 기쁨을 아는 자들을 위한 깜짝파티를 열어주는 것을 좋아하느니라.

아버지께서는 세상 구세주의 눈물뿐 아니라 오랜 친구의 기쁨어린 미소를 보는 자녀들을 귀히 여기시노라.

MARCH 3.8

땅에서 맛보는 천국의 삶
Heaven-Life

네가 지금은 고통당하고 있지만 머지않아 화창한 봄날의 기쁨을 풍성히 맛보게 되리라. 자연이 몇 개월의 산고(産苦)로 기진맥진한 것은 찬란한 봄날의 기쁨을 맛보기 위함이었으니 네게도 그 기쁨이 곧 오리라.

자연이 주는 기쁨을 한껏 누려라. 아름다움에 대한 나의 생각을 자연에 나타내었으니 자연을 내 종, 내 심부름꾼, 이 땅에 살았던 성자(聖者)처럼 대하라. 이를 깨달으면 새 생명의 기쁨이 넘치리라. 자연의 산고와 기쁨을 나눠라. 그리하면 놀라운 축복이 임하리라.

자연의 산고와 기쁨을 나누는 일이 중요한 까닭은 너를 돕고 치유하는 나의 계획을 믿으며, 나를 알고, 꽃에서 나의 임재를 감지하고, 그 아름다움과 향내에서 내 메시지를 깨달을 수 있기 때문이니라. 너는 땅에서의 삶이 아닌 '천국의 삶'을 살 수 있으니 기뻐하라. 기뻐하고 또 기뻐하라.

MARCH 3.9

하찮은 것은 없나니
Nothing Is Small

하나님께 하찮은 것은 없도다. 하나님의 눈에는 참새 한 마리가 궁궐보다 더 귀하며, 친절한 한 마디의 말이 연설가의 장황한 웅변보다 더 중요하느니라.

모든 생명은 다 가치 있으며, 그 생명의 특질이 생명의 가치를 결정하노라.

나는 영생을 주러 왔노라.

MARCH 3.10

기쁨의 열매
Fruit of Joy

하늘의 음악을 듣기 원한다면 먼저 네 심령을 정숙하게 하고 네 모든 감각을 진정시켜라. 네 오감(五感)은 물질적인 세상과 교통하는 수단이며 네 안에 있는 생명과 주변 물질세계를 이어주는 고리지만, 내 영과 교통하기를 소망한다면 그 관계를 단절해야 하느니라. 그것들이 도움은커녕 방해가 되기 때문이라.

다른 사람의 좋은 점을 보아라. 그들의 장점을 사랑하라. 네가 그들에 비해 실로 보잘것없는 인간임을 깨달아라. 사랑과 웃음으로 네 작은 세상을 행복하게 만들라.

연못에 돌을 던지면 잔물결이 일어 수면 전체에 퍼져나가듯, 네가 기뻐할 때 그 기쁨이 인간의 모든 예상과 예측을 초월하는 넓은 동심원을 그리며 세상에 퍼질 것이라. 내 안에서 기뻐하라. 그 기쁨만이 영원함이라. 그 기쁨은 수백 년이 지난 후에도 귀한 열매를 맺게 되리라.

MARCH 3.11

아름다움을 구하라
Seek Beauty

다채로운 빛깔을 뽐내는 꽃의 아름다움과 새의 노랫소리에서 기쁨을 발견하라. 신선한 공기를 흠뻑 들이마셔라. 내가 너와 함께 하노라. 이 말을 묵상하라. 나는 아름다움을 표현하고 싶을 때마다 사랑스러운 꽃을 만들었노라. 나는 내 성품과 아버지의 성품을 표현하고 싶을 때마다 네 성품을 실로 아름답게 만들기 위해 힘쓰느니라.

내가 아름다움에 대한 생각을 꽃으로 표현했듯이 나의 성품을 너로 표현했다는 것을 기억하라. 그리하면 영적 아름다움이나 생각의 힘이나 건강이나 옷이나 삶의 모든 면에서 내 성품을 온전히 드러내는 인간이 되기 위해 할 수 있는 모든 노력을 기울이게 되리라.

아름다움을 흡수하라. 네 영혼이 꽃이나 나무의 아름다움에 감명을 받자마자 그 아름다움이 네 영혼에 이미지를 남길 것이요, 너는 행위를 통해 그 이미지를 비추게 되리라. 내가 인간의 죄를 짊어지고 고난과 멸시의 십자가를 향해 나아갔지만 아름다움을 잃지 않았던 이유가 무엇이겠느냐? 꽃의 아름다움이 또한 내게 그런 이미지를 남기지 아니했겠느냐?

주변에서 아름다움과 기쁨을 찾아라. 꽃을 주시하라. 그 아름다움이 네 영혼의 일부가 될 때까지 주시하라. 그리하면 밝은 웃음이나 사랑의 말이나 온유한 생각이나 기도의 방식으로 그 아름다움이 나타나게 되리라.

새들의 노래를 들어라. 그 노래를 내 아버지가 주시는 메시지로 받아들여라. 그 노래가 네 영혼 깊숙이 가라앉게 하라. 그리하면 너도 같은 방식으로 그 메시지를 세상에 전하게 되리라. 더 많이, 더 자주 웃어라. 더욱더 사랑하라. 내가 너와 함께 있느니라. 나는 너의 주, 하나님이니라.

MARCH 3.12

순전함
Simplicity

순전함이 내 나라의 기본방침이니라. 항상 꾸밈없는 순전한 것들을 택하라.

겸손하고 순전한 사람들을 사랑하고 존경하라.

거짓 없는 순전한 것들만 지녀라. 네 표준은 세상의 표준과 달라야 하느니라.

MARCH 3.13

나를 의지하라

Spiritualism

내 영 안에서 호흡하며 묵묵히 내 앞에서 기다려라. 자아로 빗장을 지르지 말고 내 영을 받아들여라. 그리하면 내 영을 의지하여 내가 땅에서 한 일과 똑같은 일뿐 아니라 더 큰 일도 하리라(요 14:12).

강신술(降神術)은 옳지 않으니라. 어떤 인간도 내 영이 아닌 다른 어떤 영과 교통하는 자가 되면 안 되느니라.

나의 영적인 나라에 대해 마땅히 알아야 할 모든 것과 알아도 좋을 모든 것을 최선의 때, 최선의 방법으로 너에게 일러주리라. 그러나 지금은 네 자신의 영적 성장의 정도에 따라 그 한계가 이미 정해졌으니 범사에 내 명령을 따르라.

그리하면 평화, 평화, 평화가 넘쳐나리라.

MARCH 3.14

하나님의 만지심

God's Touch

내가 가까이 있느니라. 날개 아래 새끼를 품고 세심하게 돌보는 암탉처럼 너와 가까이 있느니라. 나는 날마다 너에게 생기를 불어넣는, 네 몸과 마음과 영혼의 생명인 너의 주, 하나님이로다!

내 종 이사야의 말을 묵상하라.

"오직 여호와를 앙망하는 자는 새 힘을 얻으리니 독수리의 날개 치며 올라감 같을 것이요 달음박질하여도 곤비치 아니하겠고 걸어가도 피곤치 아니하리로다"(사 40:31).

내가 네게 지시한 모든 일을 인내로 행하라. 무엇에도 굴하지 말고 꿋꿋이 내 명령과 뜻을 행하면 육신적, 정신적, 영적인 영역에서 원하는 것을 이루리라.

내가 네게 한 말들을 곰곰이 되새겨보라. 그리하면 내가 너를 점진적으로 이끌었으며, 네가 오직 내 뜻대로 행하였기에 내가 더욱 분명하고 구체적인 가르침과 지침을 줄 수 있었음을 깨닫게 되리라.

    하나님께서 네 성급한 영적 신경을 부드럽게 어루만지실 때, 말할 수 없는 희열에 젖어 기뻐하고, 또 기뻐하게 되리라.

MARCH 3.15

네 자아를 십자가에 못 박아라
Your Cross Is You

너는 단지 도구에 지나지 않으니 언제 어디서 어떻게 행해야 할지는 네가 결정할 문제가 아니로다. 이를 명심하라. 내가 모든 계획을 세웠으니 너는 나의 일에 합당한 자가 되기 위해 온 힘을 쏟아라. 이를 훼방하는 것이 있다면 반드시 물리쳐라.

내 십자가는 세상의 모든 짐을 지는 십자가이니 네 짐을 그 위에 내려놓으라. 그런데도 네가 그 짐을 지려고 한다면 그것은 마치 내가 네 짐을 지기 위한 계획을 다 세워놓았는데도, 네가 뙤약볕 아래 무거운 짐을 지고 먼지 자욱한 길을 걸으며 곤한 것과 같으니라. 그렇게 하다가는 그 길에 펼쳐진 아름다운 풍경을 그냥 지나치게 되리라.

"날마다 제 십자가를 지고 나를 좇을 것이니라"(눅 9:23)라는 내 말은 진리이니라. 그러나 영적 성장과 기쁨을 저해하고 내 생명과 영이 흐르지 못하게 훼방하는 자아를 십자가에 못 박으라는 뜻이지 네 짐을 스스로 져야 한다는 뜻이 아니니라.

MARCH 3.16

나의 일은 내게 맡겨라
Reflect Me

내가 옆에 있으니 가까이 오너라. 세상의 부산함을 모두 차단하라. 나는 네 생명, 네 영혼의 호흡이라. 너 자신을 네 존재의 가장 은밀한 곳에 가두는 것이 무엇인지 배워라. 그곳은 나의 가장 은밀한 곳이기도 하니라.

진실로 이르노라. 내가 많은 이들의 심령 깊은 곳에서 기다리고 있으나, 그 은밀한 곳으로 물러나 나와 교제하는 이들이 도무지 없구나! 인간의 영혼이 어디에 있든지 나도 그곳에 함께하느니라. 나는 모든 사람의 중심에 실제로 있으나 사람들이 감각적인 것에 정신이 팔려 이를 좀처럼 깨닫지 못하고 나를 발견하지도 못하는구나.

지금 이르는 말들이 진리임을 깨닫고 있느냐? 내가 네게 뻔한 사실을 되뇌는 것이 아니라 진리를 계시한다는 것을 진정 깨닫고 있는 것이냐? 내가 이르는 말을 묵상하라. 곰곰이 생각하라. 스스로 결론 내리지 말고 내가 하는 말을 받아들여라.

예로부터 지금까지 인간들은 '나의 진리'가 아니라 자신들 생각에 '나의 진리로 여겨지는 것'을 말하려 했고, 그렇게 함으로써 중대한 오류를 범하고 말았느니라. 그러나 너는 내 말을 듣고 내게 말하라. 나에 대해 생각하는 것을 대신 말하지 말라. 나를 나타내라. 내 말은 인간의 설명이 필요하지 않으니 내가 각 사람의 심령에 직접 설명하리라.

　내가 직접 일하게 하라. 내 일은 내가 하도록 맡겨라. 한 영혼을 내게로 인도하는 것은 좋은 일이지만, 네가 내 마음을 해석해준다는 명목 아래 그 영혼이 나를 만나는 것을 훼방한다면 처음의 좋은 의도를 그르치지 않겠느냐? 한 사람을 다른 사람에게 소개할 때도 그러한데 한 인간의 영혼에 관한 문제, 그 영혼을 창조해 이해하는 유일한 참된 영, 나에 관해서는 또 어떠하겠느냐?

MARCH 3.17

영원한 생명의 시작
No Greater Joy

바쁜 삶에서 한 발짝 물러나 평온함 속에서 나와 교제하라. 그 고요함과 평화 안에서 쉬고 또 쉬어라. 나와 대화하며 교제할 때 발견하게 될 기쁨보다 더한 기쁨이 없으리라. 너는 내 것이라. 네 영혼이 내 안에서 휴식의 처소를 발견할 때 비로소 네 영혼의 참 생명이 시작되느니라.

내 나라에서는 인간의 나라에서처럼 나이를 계산하지 않느니라. 내가 니고데모에게 "네가 거듭나야 하겠다"(요 3:7)라고 말한 것처럼 인간이 거듭났을 때부터 나이를 헤아리느니라. 내 나라에서는 영원한 생명 이외에 어떤 생명도 알지 못하나니 사람이 영생에 들어갈 때라야 비로소 살기 시작하는 것이라.

영생은 내 아버지 하나님과 그의 보내심을 받은 나를 아는 것이니라(요 17:3). 그 이전의 삶은 미숙하고 공허한 삶에 지나지 않느니라. 네게 사랑을 부으리니 그 사랑을 다른 이들에게 전하라. 아무것도 염려하지 말고 나를 의지하라.

MARCH 3.18

큰 것을 달라고 부르짖으라
Claim Big Things

들어라! 나는 너의 주님이로다! 나를 능가하는 자는 없으니 범사에 나를 의지하기만 하라. 내가 언제나 도우리라. 네 어려운 길이 거의 끝나가고 있느니라. 너는 다른 길에서 배울 수 없는 귀한 교훈을 그 길에서 얻었느니라.

"천국은 침노를 당하나니 침노하는 자는 빼앗느니라"(마 11:12).

확고한 신뢰와 지속적인 기도로 내게 와서 내 나라의 보화를 얻어 가라. 기쁨, 평화, 확신, 안위, 건강, 행복, 웃음과 같은 놀라운 것들이 네게 임하리라.

큰 것, 정말 큰 것들을 달라고 부르짖으라. 아무리 큰 것을 구해도 크다고 하지 않으리니 정말 큰 것들을 구하라. 풍성히 주고자 하는 내 마음의 갈망을 충족시켜라. 그리하면 언제나 놀라운 축복을 부어주리라.

MARCH 3.19

용기를 내라!
Courage

내가 여기 있노라. 두려워하지 말라. 나를 진정 의지할 수 있겠느냐? 나는 사랑의 인자(人子)이며 권능의 하나님이라.

그저 나를 의지하기만 하라. 그리하면 실망시키지 않으리라. 나는 나를 의지하는 자들을 실망시킬 수 없노라! 모든 게 잘되리니 용기를 내라. 많은 이들이 너를 위해 기도하고 있노라.

MARCH 3.20

사방에서 도움이 오리라

Help from Everywhere

네 어리석고 하찮은 행위들은 그 자체로 무가치하니라. 그러나 내 명령을 따르기만 하면 사소한 일이나 중대한 일 앞에 한결같이 행동할 수 있으리라. 나를 통하지 않고서는 아무것도 하지 말라.

나는 네 주인이니 충성스러운 하인이 주인의 지시를 즉각 시행하듯 내게 순종하라. 내 지시만을 따르겠다고 결단하라. 내 지시가 아니면 어떤 것도 내켜 하지 않겠다고 결단하라.

내가 너에게 공급할 때 한 가지 방법만을 사용하는 것은 아니니, 내 도움과 물질의 유입이 여러 통로를 통해 올 수 있느니라.

MARCH 3.21

담대함을 더하라
All Is Well

내가 열두 제자에게 한 말을 기억하라.

"기도 외에 다른 것으로는 이런 유가 나갈 수 없느니라"(막 9:29).

너는 내가 걸었던 길을 걸을 수 있느냐? 내 잔을 마실 수 있느냐? 모든 것이 다 잘되리라. 항상 "모든 것이 잘될 것이라!"라고 말하라.

네가 가는 길이 멀어 보일지라도 조금도 곤하지 않으리라. 네 주인인 내가 이 여정을 함께할 뿐 아니라 이미 계획했고 또 계획하고 있기 때문이라. 네가 가는 길에 말로 다할 수 없는 기쁨이 넘치리니 담대하라. 거기에 담대함을 더하고 또 더하라.

MARCH 3.22

필요하면 공급하리라
A Bud Opened

네 가장 친한 친구인 내가 모든 능력을 받았으니 이 능력은 내 아버지께서 주신 것이라. 그러면 둘도 없는 친구인 네가 그것을 구할 권리가 없겠느냐? 너에게 필요한 것은 무엇이든지 공급하리라. 네게 만금(萬金)을 주는 것이나 꽃 한 송이를 주는 것이나 내게는 똑같이 쉬우니라.

나의 일을 지속하려면 지금 너에게 영적인 것이 필요하니라. 네가 나의 일을 하기 위해 무엇을 필요로 하든지 네 모든 영적 필요를 사랑으로 채워주리라.

너에 대해 생각해보았노라. 내가 너에게 활짝 핀 꽃을 보여주었을 때, 너는 그것이 주는 기쁨을 네가 사랑하거나 즐거워하는 사람을 위한 활기로 바꾸었고, 그 활기가 네 건강을 좋아지게 했고, 건강해진 몸으로 내 일에 헌신했고, 영혼들을 내게 데려왔느니라. 이처럼 네 모든 필요를 계속해서 공급할 것이나 그 필요가 영적인 것일 때만 그리하리라.

MARCH 3.23

인생의 좌우명
Until Your Heart Sings

너를 축복하고 돕기 위해 내가 있노라. 기도할 때 요동치 말지니 내 아버지께서 반드시 들으시리라. 모든 능력은 주님의 것이라고 말하라. 네 심령이 그 말이 주는 안위와 능력으로 가득 차 기쁨으로 노래할 때까지 그렇게 말하라. 그때 나오는 힘이 너를 대적하는 모든 사악한 세력들을 물리치고 좌절시킬 때까지 계속 반복하라.

다음과 같은 말을 네 인생의 좌우명으로 삼아라.

"나의 주님께서 모든 능력을 받으셨다!", "내 친구께서 모든 능력을 받으셨다!", "내 구세주께서 모든 능력을 받으셨다!"

그리하면 승리로 나아가리라.

MARCH 3.24

나를 아는 지식
Know Me

내가 여기 있노라. 미래를 알려고 애쓰지 말라. 내가 사랑으로 가리기 때문이라. 믿음은 지식을 사려고 희생하기에 아까울 정도로 값진 것이나, 참된 믿음은 나를 아는 지식에 근거해야 하느니라.

그러므로 나와 교제하는 이 시간이 미래를 알기 위해서나 보이지 않는 것에 대한 계시를 받기 위한 시간이 아니라 나에 대한 풍부한 지식을 얻기 위한 것임을 기억하라.

나를 아는 지식이 모든 것을 가르칠 것이며 네 믿음의 튼튼한 기초가 되리라. 나를 아는 기쁨, 나를 사랑하는 기쁨, 나와 교제하는 기쁨을 누려라.

MARCH 3.25

기이한 일들을 펼쳐 보이리라
Wonders Will Unfold

내가 함께하느니라. 두려워하지 말라. 내 사랑과 능력을 절대 의심하지 말라. 내가 이른 것들을 매일 꾸준하게 지키기만 하면 틀림없이 성공의 산에 오르리라.

매일 인내로 실천하라. 작은 물방울이 거대한 바위에 구멍을 내듯이 네 인내가 모든 어려움을 침식해 성공을 안겨줄 뿐 아니라 다른 사람을 도울 힘까지 주리라.

절대 주춤거리지 말라. 아무것도 두려워하지 말고 담대하게 앞으로 나아가라. 내가 옆에서 도우며 힘을 주리라. 내가 이미 놀라운 일들을 시작했으니 네 꿈과 소망을 초월하는 기이한 일들을 더 많이 펼쳐 보이리라.

MARCH 3.26

나를 따르라
Follow Your Guide

내가 너를 돕고 인도하기 위해 늘 함께한다는 것을 잊지 말라. 내가 보이지 않는 권능의 손으로 네 삶을 이끌고 있는데 두려워할 까닭이 무엇이냐?

어떤 사람이 강에 다리가 놓인 것을 보고도 물에 **빠질까** 두려워한다면 얼마나 어처구니없는 일이겠느냐? 더욱이 그 길을 직접 설계하여 누구보다도 잘 아는 친구가 동행하며, 뜻밖의 사건이 발생하는 일은 결코 없을 것이고, 또 모든 게 다 잘되리라 장담하는데도 그 사람이 믿지 못해 주저한다면 실로 한심하지 않겠느냐?

그러니 네 모든 어리석은 염려를 버리고 너의 인도자인 나를 따르라. 내일의 문제를 오늘 생각하지 않겠다고 단호히 결단하라. 나를 신뢰하고 기다려라!

MARCH 3.27

세상에서 가장 강한 능력
Go Forward

내 안에서 쉬어라. 내 사랑 안에서 잠잠하라. 내 능력 안에서 강해져라. 세상의 어떤 힘보다 강한 능력을 소유하는 것과 세상의 어떤 왕보다 더 뛰어나고 위대한 통치권을 가진다는 것이 무슨 뜻인지 생각해보라.

세상의 어떤 수단이나 기술이나 발명품도 네가 내 영의 능력으로 이룰 수 있는 것의 백만 분의 일에도 미치지 못하느니라. 무슨 뜻인지 잠시라도 생각해보라.

앞으로 나아가라. 새 삶이 이제 시작되었으니 나아가라. 기뻐하라. 기뻐하라. 기뻐하라!

MARCH 3.28

믿음과 순종
Evil Mountains

믿음과 순종이 불의의 산과 곤경의 산을 제거할 것이니라. 그러나 믿음과 순종은 함께 있어야 하리라.

MARCH 3.29

세상과 떨어져 살아갈 준비
A Life Apart

내 임재를 구할 때 보상하리라. 기뻐하고 즐거워하라. 나는 네 하나님이라. 용기와 기쁨은 모든 괴로움을 물리치느니라.

너는 먼저 나를 구하고 사랑하라. 내 안에서 기뻐하라. 나는 네 안내자니라. 어떤 위험도 너를 위협하지 못할 것이며, 어떤 훈련도 너를 쇠잔하게 하지 않으리라. 인내하며 견뎌라. 내가 주는 힘 안에서 견딜 수 있느냐?

세상과 떨어져 살아갈 준비가 되었느냐? 세상에 있으면서 세상과 떨어져 나와 함께 살 준비가 되었느냐? 세상 사람들을 구조하고 구원하기 위해 은밀한 교제의 시간 밖으로 나갈 준비가 되었느냐?

나는 네가 필요하니라. 네가 나를 필요로 하는 것보다 훨씬 더 너를 필요로 하노라. 나를 위해 분투하라. 지금 시작하라.

MARCH 3.30

감사와 기쁨으로 열리는 문
Deliverance

나를 신뢰하며 잠잠하라. 언제나 너를 지키고 있으니 내 사랑 안에서 쉬어라. 아름다운 성결의 삶을 살며 기뻐하라. 너는 내 것이라. 내가 너를 건질 것이나 오직 감사와 기쁨만이 그 문을 열 수 있노라.

범사에 기뻐하고 행복하다고 생각하라. 감사하라. 조용히 체념하는 심령은 내 축복을 받지 못하리라. 간절히 기다리며 기쁘게 받는 심령만이 내 축복을 받을 것이라.

웃음은 기쁨을 표현하는 것이라. 사랑하고 웃으라고 계속 촉구하는 까닭이 바로 그 때문이라.

MARCH 3.31

사랑의 예물
Love's Offering

나는 사랑과 은혜가 풍성한 네 하나님이라. 내 사랑 안에서 쉬어라. 내 길로 걸어라. 하루하루 지속적으로 발전하리니 너는 깨닫지 못하더라도 내가 반드시 그렇게 만들리라.

나는 외모로 사람을 취하지 않고 중심을 취하나니 네 심령에 한 가지 욕구, 곧 내 뜻을 행하려는 마음이 있는지를 살피느니라. 어떤 아이가 너에 대한 사랑을 표현하고 싶은 마음 하나로 작은 예물을 가져왔다면, 너를 사랑하지 않는 사람이 가져온 큰 예물보다 그것이 훨씬 더 귀하지 않겠느냐?

네가 나의 일을 망쳤다고 느끼더라도 결코 낙심하지 말라. 내가 그것을 사랑의 예물로 여기리라. 높은 산에 오를 때, 사람들은 빼어난 경치의 아름다움이나 정상에 이른 기쁨보다 비틀거리는 자신의 발이 연약하다는 것을 더 의식하게 되는 법이니 아무것도 염려하지 말라. 너는 지금 내 길로 향하고 있노라. 조금 더 인내하라! 사랑하고 웃어라.

APRIL
너는 일어나 빛을 발하라

APRIL 4.1

내가 가르치리라

Shut out from God

네가 아직 다 배우지는 못했노라. 그러나 곧 모든 교훈을 익히리니 때가 이르면 나와 내 힘으로 모든 것을 능히 할 수 있으리라. 내 열두 제자들도 그렇지 않았느냐? 소심하고 믿음 없던 그들이 나를 통해 금세 지도자, 치료자, 정복자가 되었노라.

아버지께서 모든 지식을 내게 주셨으니 모든 지식이 내 것이로다. 땅에서 인간의 삶을 살 때에도 모든 지식이 내 것이었도다. 그러나 수많은 나의 종들이 믿음을 저버리고 나를 알지 못하면서 믿음을 비웃는 자들과 어울려 멸망당했도다.

만일 내가 하나님의 아들로 인간이 저지른 죄 짐을 짊어진 게 아니었다면, 죄인인 인간과 함께 잠시 동안 하나님의 시야에서 벗어날 때까지 자발적으로 죄를 짊어진 게 아니었다면, 만일 내가 하나님이 아니었다면, 죄 짐을 지는 고난을 자청하지 않았다면 가련한 비겁자에 지나지 않았을 것이라. 그러나 나는 네 하나님이니 내가 가르치리라.

APRIL 4.2

값을 매길 수 없는 축복
The Priceless Blessing

내가 여기 있노라. 열두 제자들과 함께 있었던 것처럼 지금 너와 함께 있노라. 너를 돕고 축복하기 위해, 너와 교제하기 위해 여기에 있노라. 이것이 네 삶에서 값을 매길 수 없는 축복이라는 것을 알고 있느냐? 내가 내린 명령에 태만했음을 깨달아 용서를 구한 너를 이미 용서했으니 오늘부터 새로 시작하라.

내 명령을 불굴의 의지와 용기로 시행하라. 그렇게 하기만 하면 나를 위해, 나와 함께 이적(異蹟)을 행하는 종이 되었음을 깨달으리라. 그러나 네가 이적을 일으키는 것이 아니라 너와 함께하는 나의 능력이 그리한다는 사실을 잊지 말라.

내 영으로 변화되어라. 전에 입던 옷을 벗고 내 영이 주는 더 좋은 옷을 입어라. 그리고 때가 되면 내 영이 그보다 더 좋은 옷을 네게 줄 것이며, 네 성품을 가꾸고 또 가꿔 점차 나를 닮도록 변모시켜주리라.

APRIL 4.3

오직 종의 자세를 배워라
Greatness Is Service

자녀들아! 네 하나님이 너의 부름에 응답하기를 기다리며 여기 있노라. 겸손하고 유순하게 섬기는 종처럼, 주인의 명령에 쓰임 받을 준비를 하고 있는 종처럼 네 옆에 있노라. 모든 '큰 것' 가운데 가장 '큰 것'이 바로 섬김이니라.

자녀들아! 우주를 지휘하는 내가 네 옆에서 부름을 기다리고 있노라! 그러니 모든 것을 내게 가져오라.

나와 대화를 나눌 때 말로 다할 수 없는 기쁨을 누리며 지존자의 산에 오르리니 항상 겸손하라. 마음을 낮춰라. 형제자매들에게 서로 굴복하라!

주인의 자세를 배우지 말고 오직 종의 자세를 배워라.

APRIL 4.4

효율적으로 일하시는 하나님의 손
Divine Efficiency

나는 전지전능한 하나님, 네 모든 문제를 손에 쥐고 있는 하나님이라. 내 손은 능력을 행할 뿐만 아니라 효율적으로 일하느니라. 모든 이적의 역사는 인간들이 생각하는 것처럼 순식간에 일어나지 않으니라.

내 종 베드로가 나를 따르자마자 순식간에 소박한 어부에서 위대한 지도자와 교사로 변화되었느냐? 아니라. 베드로가 믿음을 보이지 않았을 때, 나를 부인한 바로 그때 변화되었느니라. 내가 그때까지 그를 변화시키지 않았기 때문이었노라. 그는 나서기 좋아하는 불같은 기질의 소유자였으나 자신의 연약함을 깨닫지 못했다면 후에 능력을 발휘하지 못했으리라. 만일 그가 죄인을 이해하지 못했다면 아무도 구원하지 못했을 것이라.

나의 강력한 무기가 된 베드로, 다른 어떤 제자들보다 내 교회를 견고히 세웠던 그는 "주는 그리스도시요 살아 계신 하나님의 아들이시니이다"(마 16:16)라고 고백한 순간의 베드로가 아니라 나를 부인한 순간의 베드로였느니라. 그가 비참한 가책을 느끼고 내 용서를 직접 체험했으므로 세상의 구세주인 나에 대해 누구보다 더 잘 말할 수 있었노라.

이처럼 하나님나라의 권세를 차지하는 법을 배운 사람만이 하나님나라를 전할 수 있노라. 내 제자들은 다양한 훈련을 받았나니 기뻐하고 즐거워하라. 내가 너를 사랑하노라. 내가 부과한 훈련은 하나도 벅차지 않으리라!

APRIL 4.5

마음의 해석자
Heart's Interpreter

내 안에서 쉬어라. 이 귀한 기도의 시간을 지속하되 오직 나와 함께하기 위해 지속하라. 때로는 오직 내 임재 안에서 쉬기만을 구하라고 요구해도 낙심하지 말라. 내가 이 시간에만 함께하는 것이 아니라 언제나 함께하느니라. 내 임재를 의식하라. 이보다 더 큰 기쁨을 맛보지 못하리라.

나는 인간의 마음을 해석하는 위대한 해석자니라. 아무리 가까운 너희들이라도 그 마음에 봉인된 책과 같은 것들을 가졌으니 오직 내가 두 사람의 삶에 들어가 다스릴 때 서로의 마음에 있는 비밀을 서로에게 밝혀주느니라. 사람의 영혼은 각각 다르니 오직 나만이 각 영혼의 언어를 이해하여 상대방에게 해석해 줄 수 있느니라.

APRIL 4.6

부활의 기쁨
Easter Joy

내 사랑의 손으로 안수해 너를 축복하겠노라! 내 사랑 안에서, 그 손의 부드러운 감촉을 갈망하며 기다려라. 그리하면 용기와 소망이 네 삶에 흐를 것이요 내 임재의 따스한 햇살이 네 삶 전체를 비추리라.

네 모든 것이 부활의 조류를 맞으러 나가도록 하라. 세상에서 붙들고 있던 것들, 네 모든 염려와 근심, 세상의 기쁨마저 모두 놓아라. 두 손을 펴고 긴장을 풀어라. 부활의 파도가 밀려오리라. 과거와 미래에 대한 모든 생각을 제쳐놓아라. 모든 것을 버리고, 영적인 생명을 부어주는 부활의 성만찬을 예비하라.

사람들이 종종 내 축복을 바라지만 세상이 주는 것들을 움켜쥐고 놓질 않아 내가 주는 복을 받지 못하는구나! 부활절은 한 해 중에서 가장 경이로운 때니 이때 복을 받아라. 무슨 일이 있어도 이 시기에 꼭 축복을 받아라.

APRIL 4.7

기쁘고 자유로운 새 생명

Calvary

파종기에 뿌린 딱딱한 씨앗에서 생명이 움트듯, 나의 십자가 죽음에서 새 생명이 샘솟나니 이 생명은 받기를 원하는 모든 자들에게 주는 내 선물이니라.

나와 함께 자아에 대해 죽어라. 그리하면 부활의 기쁨을 알게 되리라. 부활의 생명, 기쁘고 자유로운 생명이 네 것이 되리라.

마리아는 부활의 아침에 나를 찾았고, 마침내 "마리아야!"라고 부르는 내 음성을 듣고 승리의 기쁨에 도취되어 "랍오니여!"(이는 선생님이라)라고 나를 불렀노라(요 20:1-16).

너도 이렇게 해야 할지니, 많은 사람들이 "그리스도는 죽어 장사되었다"라고 말할지라도 나를 찾으라. 얼굴과 얼굴을 대면하고 만날 때까지 나를 찾으라. 그리하면 네 이름을 부르는 부드러운 음성에, "랍오니여!"라고 답하게 되리라.

APRIL 4.8

세상을 따르지 말라

Marks of the Kingdom

주는 사람의 진실한 사랑이 담긴 선물은 어느 것도 하찮다고 못 하리니 나 역시 네 심령의 선물을 귀하고 값지게 여기노라. 네 모든 예물을 기쁘게 받으니 너도 기뻐하라.

자녀들아! "너희는 저희 중에서 나와서 따로 있고"(고후 6:17)라고 내가 명했으니 세상과 짝하지 말라. 삶이나 일이나 사랑이나 봉사에서 세상의 길을 따르지 말라. 내가 내 이름을 알리려고 너를 불렀으니 내 종 바울이 말한 대로 나 때문에 세상의 미련한 자가 되는 것을 주저하지 말라(고전 4:10).

내 영광과 내 나라를 위해 일할 때는 세상의 방식과 습관에서 벗어나라. 그것들을 의지하지 말라. 내 나라 백성임을 알아볼 수 있게 하라. 사람들 앞에서 나를 고백하라. 세상의 것을 무가치한 것으로 여기면 네 삶에서 나를 얻으리라.

APRIL 4.9

생명으로 일어나라
Risen Life

나를 사랑하는 모든 이에게 오늘 하나님의 부르심이 임했노라. 자녀들아! 땅에 속한 무리와 죄와 게으름과 절망과 불신과 두려움과 부활의 생명을 훼방하는 모든 것에서 일어나라. 아름다움과 성결을 향해, 기쁨과 평화를 향해, 사랑과 기쁨으로 충만한 일을 향해 일어나라. 사망에서 생명으로 일어나라.

"일어나라 빛을 발하라 이는 네 빛이 이르렀고 여호와의 영광이 네 위에 임하였음이니라"(사 60:1).

내가 마지막으로 파괴한 원수가 사망이었음을, 내가 완전한 승리를 얻었던 때가 사망을 이겼을 때임을 기억하라. 그리고 아무것도 두려워하지 말라. 나와 함께 살면서 움직이고 일할 때, 죄는 이미 정복을 당했느니라. 너를 짓누르던 모든 것, 네가 두려워하던 모든 것이 이미 너를 해할 힘을 잃었느니라. 그것들은 허깨비에 지나지 않으니 내가 광야와 겟세마네와 십자가와 무덤에서 그 모든 것을 정복했음이라.

그 무엇도 부활한 네 삶을 훼방하지 못하게 하라. 네가 나와 함께 다시 살리심을 받았다고 내 종 바울이 말하였으니(골 3:1) 다시 살리심을 받은 그 생명을 더욱더 힘써 알라. 그것은 정복의 생명이니라. 내 종 바울은 다시 살아난 이 생명에 대해 "그런즉 이제는 내가 산 것이 아니요 오직 내 안에 그리스도께서 사신 것이라"(갈 2:20)라고 말했느니라.

 그러나 텅 빈 무덤 곁에 그냥 서 있기만 한다면 두려움과 절망과 눈물에 압도되어 "사람이 주를 무덤에서 가져다가 어디 두었는지 우리가 알지 못하겠다!"(요 20:2)라고 한탄만 할 것이니 눈물을 닦고 일어나 빛이 있는 쪽으로 나와라. 그러면 부활한 너의 주님인 나를 만날 것이라. 빈 무덤 곁에 서 있느냐, 부활한 나를 직접 대면하느냐에 따라 네 하루와 삶이 완전히 달라지리니 둘 중 하나를 신중히 택하고 다른 하나를 버려라.

APRIL 4.10

순종의 계단을 오르라
Pride Bars the Way

순종은 내 나라의 문을 여는 열쇠의 하나이니라. 순종하고 사랑하라. 내 사랑을 깨닫지 못하고, 내 사랑에 사랑으로 응답하지도 못하고, 사랑받는 기쁨과 사랑하는 기쁨을 체험하지 못하면 나에게 순종할 수 없노라.

순종이라는 험한 돌계단을 올라가야만 내 나라에 수 놓인 기쁨과 사랑에 이를 수 있느니라. 세상에서는 어떤 사람이 다른 사람을 사랑할 때 "네가 있는 곳이 내 집이라"라고 말하겠지만, 나는 "내가 있는 곳이 내 집이요 내 나라니라"라고 말하겠노라.

그러므로 빈민굴이든 궁궐이든 천국이 될 수 있노라. 내가 가장 겸손한 심령을 나의 집으로 삼기 때문이라. 나는 오직 겸손한 심령 안에 거하노라. 교만은 심령의 문에 고약한 문지기를 세워 낮고 겸손한 내가 들어오지 못하게 막노라.

APRIL 4.11

훈련을 사랑하라
Hold Your Fort

나를 따르는 제자들은 다른 사람들과 구별된 특별한 백성이어야 한다는 것을 기억하라. 세상 사람들과 다른 길로 걸어라. 다른 기준, 다른 습관, 다른 동기를 가지고 살아라. 사랑을 위해 기도하라.

만나는 모든 사람에게 내 사랑의 영을 부어달라고 기도하라. 네 자신을 엄하게 대하라. 훈련을 사랑하는 법을 배워라.

힘들게 얻은 것을 잃지 말라. 네 자신을 훈련하라. 훈련을 사랑하고 즐거워하라. 그리하면 생각만으로도 산을 옮길 수 있으리라.

APRIL 4.12

황금 같은 기회
Golden Opportunity

나는 너를 인도하는 하나님이니라. 나를 전적으로 신뢰하면 내 힘과 도움이 임하리라. 나는 들을 준비가 되어 있으니 내게 구하라. 내 길로 걸으며 나의 도움이 오는 것을 직접 확인하라.

인간의 곤궁함이 하나님께는 인간을 도울 황금 같은 기회라. 나는 인간을 돕고 구하기를 즐거워하느니라. 인간들은 그때 비로소 그 믿음이 진실한지 아닌지 스스로 드러내게 되며, 인간이 진실한 믿음을 드러낼 때라야 하나님께서 능력을 나타내시기 때문이라. 믿음은 하나님의 창고를 여는 열쇠이니라.

내 신실한 종아! 너는 온전해지기를 갈망했으나 쓰라린 실패만 맛보았노라. 그러나 나는 오직 네 신실함을 보나니, 세상의 어미가 제 자식이 망쳐놓은 불완전한 일을 지극한 사랑으로 온전하게 만드는 것처럼 네 신실함으로 온전함의 면류관을 씌워주리라.

APRIL 4.13

내가 너를 사랑하노라

Gentle with All

사랑하고 웃어라. 단지 네가 그곳에 있다는 이유 하나만으로 주변 사람들을 더 행복하게 만들어라. 어두운 날에도 사랑하고 기뻐하라. 내 제자들에게는 변화산에 오르는 날도 있고 광야로 나가는 날도 있으리라. 두 가지 모두 의무이니 신실하게 인내하며 이행하면 그것으로 네가 내 제자인 줄 알리라.

모든 사람을 온유하게 대하라. 다른 사람들을 대할 때, 내가 그들에게서 보는 진실한 마음과 아픔과 어려움을 보도록 노력하라. 다른 사람과 이야기를 나누기 전에 내게 기도하라. 사람들 사이에서 서로의 마음을 해석해주는 해석자가 되어달라고 구하라.

항상 기도하며 살라. 나와 이야기할 때 영혼의 안식을 찾으리라. 단순한 일이라도 신실하게 수행하고 지속적으로 이행하라. 그에 따른 보상이 있으리라. 내가 너를 사랑하노라.

APRIL 4.14

모든 것을 내게 고정하라

Equally Yoked

나는 언제나 너를 안내하는 하나님이니라. 너는 내 길로 걷지 않을 때가 있을지 몰라도, 나는 내 길로 걷는 자들을 늘 든든히 안내하노라. 하나님께서 너를 놀라운 방법으로 쓰시리라. 그러니 기쁘게 나아가라. 그리하면 그 일들을 직접 목도하리라.

완벽한 체조 선수가 되려면 균형 잡는 법을 배워야 하느니라. 지금 너에게 가르치는 것이 바로 완벽한 균형 자세이니라. 다른 이들과 관계를 맺을 때 이것이 능력이 되니 그 능력은 이미 나타나기 시작했도. 나와 함께 거하라. 이것을 네 삶의 중심으로 삼아라. 모든 것을 내게 고정하라. 나를 네 삶의 축으로 삼으면 완벽한 균형을 이루리라.

네가 지금 장애물 없애는 방법을 알기 원하는구나. 그렇다면 기억하라. 내 뜻을 깨달을 때 그 깨달음이 네 시야에 놓인 모든 장애물을 제거하는 능력이 되니 너는 이 강력한 능력을 소유하리라. 내가 비추는 빛 자체가 이적을 일으키는 능력이니라.

사람들은 자신들이 깨달은 것을 이루기 위해 많은 시간을 허비하느니라. 그러나 분명히 이르노니 내 뜻을 깨닫기만 하면 모든 것이 이루어지리라. 열두 제자에게는 "아직도 너희에게 이를 것이 많으나 지금은 너희가 감당치 못하리라"(요 16:12)라고 말했지만, 내 음성을 듣기 위해 믿음으로 모인 내 자녀들에게는 그때 말하지 않은 것들까지 밝히 말하리라.

APRIL 4.15

내 영은 낮은 심령으로 흐르느니라
Never Feel Inadequate

내 명령에 순종하라. 그것이 성공으로 향하는 디딤돌이니라. 무엇보다 요동하지 말고 평안을 유지하라. 단 한 순간이라도 평안을 잃는다면 즉시 침묵으로 돌아가 회복하라. 이렇게 하는 것이 하루 종일 활동하며 이루는 것보다 훨씬 더 많이 이루리라. 어떤 대가를 치르더라도 마음의 평안을 유지하라. 요동하는 심령은 다른 심령을 도울 수 없느니라.

어떤 임무가 네게 맡겨지든 자격이 없다고 생각하지 말라. 이 땅의 모든 일은 내 영이 이루는 것이니 내 영은 가장 겸손하고 낮은 심령을 통해서만 흐르느니라. 내 영은 단지 막히지 않은 수로를 필요로 할 뿐이라.

자아를 제거해달라는 기도에 집중하라. 내가 너를 지켜보고 있노라. 자아를 제거하면 매순간 감당해야 할 일들을 능히 감당할 수 있는 힘을 공급하리로다. 그러나 네가 자아를 고집하는 한, 죄와 실패로부터 결코 자유롭지 못하리라.

APRIL 4.16

완전한 사랑
Love Your Servants

사랑하라! 온유한 사랑이 비밀이니라. 너에게 훈련받고 너와 함께 일하며 너를 섬기는 이들을 사랑하라. "하나님은 사랑이시라"(요일 4:16). 이 말씀을 묵상하고 또 묵상하라. "나와 아버지는 하나이니라"(요 10:30)라는 내 말을 기억하라. 내가 세상에서 한 일들과 내가 나타낸 사랑을 주목하라.

하나님께서 행하신 경이로운 일들은 하나님의 사랑, 완벽한 사랑이었노라. 그러므로 너도 삶에서 '사랑'(하나님)을 나타내는 것이 마땅하도다. 완전한 사랑은 완전한 용서를 의미하노라. 보라! 하나님이 계신 곳에 용서가 없는 곳이 있더냐?

하나님은 사랑이시니, 심판치 않고 노하지 않고 모든 것을 참으시느니라. 모든 능력과 모든 것을 공급하시느니라! 너는 그저 하나님을 사랑하고 사람을 사랑하라. 하나님을 사랑하는 자는 하나님의 모든 뜻과 명령에 순종하게 되리라. 사랑은 모든 율법의 완성이니 더 많은 사랑을 달라고 기도하라.

APRIL 4.17

두 가지 기쁨
The Two Joys

내가 여기 왔노라. 네가 내 뜻 행하기를 갈망해 애타게 부르니 도저히 가만히 있을 수가 없구나! 네 심령의 부르짖음을 모른 체할 수가 없구나!

불신앙은 내가 사람들 심령에 들어가지 못하도록 빗장을 지르거니와, 내 뜻 행하기를 포기하는 것은 불신앙보다 더한 빗장을 지르느니라. 사랑을 거스르는 추악한 죄야말로 사랑받기를 포기하는 것이 아니겠느냐? 네가 내 뜻을 기쁨과 감격으로 환영해야만 내가 네 심령과 삶에서 나의 일을 행하노라.

자녀들의 신앙과 영적 발전의 여정에 두 가지 기쁨이 있느니라. 첫 번째 기쁨은 처음 사귐의 사랑과 놀라움에서 태어난 기쁨이며, 다른 하나는 지속적인 사랑과 깨달음에서 태어난 두 번째 기쁨이니라. 그리고 이 두 가지 기쁨 사이에 훈련과 실망과 환멸이 있느니라. 첫 번째 기쁨이 과거의 추억으로만 느껴져 도무지 회복이 불가능한 것처럼 보이는 시기가 찾아오느니라.

그러나 나를 지속적으로 체험하고, 일상에서 일어나는 일들 속에서 내가 어떻게 일하는지 알아차리고, 우연의 일치처럼 보이는 수많은 일들이 사실은 내 사랑의 계획에 의한 것일 수 있노라. 또한 틀림없이 그렇다는 확신을 축적해나가면, 이 모든 것이 점차 경탄과 확신과 감사를 낳을 것이요 두 번째 기쁨이 충만하게 되리라.

그러니 내가 주는 힘 안에서 이것들과 싸워라. 힘이 부치면 필사적이고 맹목적으로 내게 매달려 대신 싸워달라고 구하라. 내 뜻에 순종하며 인내하라. 내 훈련을 기쁘게 받아들인다면 두 번째 기쁨을 맛보리라.

"너희 기쁨을 빼앗을 자가 없느니라"(요 16:22)라고 말했을 때 의미한 것이 바로 두 번째 기쁨이었노라. 첫 번째 기쁨이 사라졌다고 서운해하지 말라. 두 번째 기쁨이 훨씬 더 크니라.

APRIL 4.18

어두운 날이 오지 않으리니
No Dark Days

실로 밝은 빛과 활기찬 기쁨이 이 집에서 흘러나오고 있구나. 그 빛과 기쁨이 이 집을 방문하는 모든 이에게 영향을 끼치고 있구나! 그러나 그들을 돕기 위해 무엇을 해야 한다고 생각하지 말라. 단지 그들을 사랑하고 환대하라. 작은 호의를 베풀어 사랑의 징표를 보여라. 그러면 그들이 도움을 받으리라.

사랑은 하나님이니라. 그러므로 그들에게 사랑을 줄 때 하나님을 주는 것이라. 이제 하나님께서 하나님의 일을 하시도록 하라. 모든 사람, 심지어 구걸하는 자들까지도 사랑하라. 누가 찾아왔을 때 격려의 말을 건네지 않거나 마음을 쓰고 있다는 느낌을 주지 않고 그냥 돌려보내는 일이 없도록 유의하라. 절망하는 한 영혼의 마음에 네 집을 방문하려는 욕구를 일으킬 수도 있으니 혹시 네가 나를 실망시킨 적은 없는지 돌이켜보라.

네게는 선택의 여지가 없으니 이 집이 내 집이라고 말하지 않았느냐? 내가 이 집을 사용하리라. 기억하라! 내 자녀들의 마음이 사랑으로 가득하다면 어떤 사람의 심령에도 어두운 겨울이 오지 않으리라. 자녀들아! 나를 아는 기쁨, 나를 사랑하는 기쁨, 나와 교제하는 기쁨을 진정 느끼고 있는 것이냐?

APRIL 4.19

내게 구하라

Life Is a Love-Story

너는 내가 필요하고 나는 네가 필요하니라. 나의 부서진 세상은 너를 필요로 하노라. 또 곤함과 괴로움에 지친 많은 영혼들이 너를 필요로 하노니, 너로 인해 기뻐하며 내게 가까이 오리라. 나와 교제하면 건강과 평화와 기쁨과 인내를 얻으리라.

보라! 실로 영광스러운 길, 위로 향하는 길, 놀라운 발견, 사랑의 교제, 감격스러운 깨달음이 여기 있으니 진정한 그리스도인의 삶, 곧 나와 함께하는 삶이 사랑 이야기니라. 모든 것을 내게 맡겨라.

네가 하지 못한 모든 것을 나, 곧 인간의 영혼을 사랑하는 자요, 영혼의 친구요, 아버지요, 어머니요, 동료요, 형제인 내 안에서 발견하리라. 네가 아무리 많은 것을 구해도 많다 하지 않을 것이며, 아무리 많이 청해도 내 사랑과 용서에 부담이 된다고 말하지 않으리니 구하라! 주장하라! 요구하라! 그리하면 네가 원하는 치유와 능력과 기쁨을 공급하리라!

APRIL 4.20

심령의 고뇌
Heart's Agony

갈보리 십자가가 있노라. 그 십자가에 가장 가까운 사람들, 가장 사랑하는 자들에게까지 버림받은 한 사람이 달려 있노라.

그러나 그 십자가 옆에 또 다른 십자가가 있으니 네가 심령의 고통을 겪을 때 내가 다시 달리는 십자가이니라.

내 자녀들이 사랑하는 마음으로 인내하며 조용히 내 뜻에 순종할 때 내 마음이 얼마나 기쁠지 생각해보았느냐? 나는 귀한 자녀가 사랑으로 나를 신뢰할 때 가장 큰 기쁨을 맛보느니라.

내가 십자가에 다시 달려 겪는 손과 발의 아픔은 내 마음의 아픔에 비하지 못하리라. 내 마음의 아픔이 원수들의 고뇌가 아니라 내 친구들의 심령의 고뇌에서 비롯되었기 때문이라.

조금도 의심하거나 두려워하지 말고 오해하지도 말라. 네가 일상의 작은 일로 기뻐할 때 내 마음도 같이 기뻐하느니라. 네게 지금 말하는 이는 네 주, 곧 하나님이니라.

APRIL 4.21

너는 승리하리라
You Will Conquer

내가 너와 함께 있노라. 나의 임재가 용서의 표징이니라. 내가 너를 지탱하고 있노라. 너는 승리하리라. 내 약속이 변할까 두려워하지 말라. 나 곧 네 주 하나님은 변하지 않느니라.

"예수 그리스도는 어제나 오늘이나 영원토록 동일하시니라"(히 13:8).

내가 네 옆에 있노라. 네가 내 안에 거할 때 영원불변함이 네게 임하리라. 내 안에서 쉬어라.

의식적으로 호흡을 바르게 하다보면 습관이 되듯이 사소한 불안감이 너의 온전한 평화와 조화를 휘저을 때에도 나의 임재로 돌아가는 훈련을 규칙적으로 실천하라. 이 역시 습관이 되어 내 임재를 온전히 의식하며 사는 데까지 성장할 것이며, 온전한 평화와 조화가 네 것이 되리라.

인생은 훈련소이니라. 전도유망한 생도만이 선발되어 한층 더 강도 높고 끈기를 요하는 훈련을 받는다는 것을 명심하라.

너는 특별한 용도로 쓰임 받는 도구, 말과 행동과 인격으로 나를 나타내는 도구가 되게 해달라고 구했노라. 그러므로 자녀들아! 내 임재를 늘 의식하는 이 훈련을 가혹하다 여기지 말고 네 간청에 대한 내 사랑의 응답으로 여겨라. 내가 주는 잔을 일단 마시고 나면 갈증을 해소하려고 시도한 이 세상의 모든 일이 헛됨을 깨달으리라.

APRIL 4.22

내 말을 따르라!
Complain Not-Laugh

나를 의지하라. 내 말대로 순간순간 행하면 다 잘될 것이라. 내 명령을 끝까지 지켜라. 나의 다스림을 받는 것과 전적으로 순종하는 것, 이 두 가지가 너와 다른 사람의 필요를 채우고도 남을 공급을 받기 위한 유일한 조건이니라.

너에게 부여한 임무가 공급과 무관하게 보일 수 있으나 명령하는 이도 나요 공급하는 이도 나라는 사실을 명심하라. 나는 경우에 따라 다른 상황을 부여하는데 그것이 각각의 필요에 딱 맞는 처방이니라.

아무것도 염려하지 말고 나아가라. 기뻐하라. 빛을 발하며 기뻐하라. 모든 실망을 기쁨으로, 모든 불평을 웃음으로 바꿔라. 쉬어라. 사랑하라. 기뻐하라. 평안하라. 일하라. 이것들 가운데 가장 강력한 것은 기쁨과 사랑이라.

APRIL 4.23

말을 의지하지 말라
Too Much Talk

네가 나와 지내기를 간절히 원할 때 내가 너를 인도하리라. 그러나 지금 이 시간은 무언가를 보여 달라거나 어디로 이끌어달라고 구하는 시간이 아니라 나의 임재를 느끼고 깨닫는 시간이어야 하노라. 포도나무 가지가 나무에게 수액을 공급해달라고, 어느 방향으로 자라야 할지 알려달라고 계속 요구하느냐? 아니라. 그것은 가지가 나무와 하나가 될 때 자연스럽게 오느니라.

"나는 포도나무요 너희는 가지니"(요 15:5).

포도나무 가지에 달린 탐스러운 포도는 사람들에게 즐거움과 영양을 주지만, 그 가지가 포도를 제힘으로 만들고 이루었다고 말할 수 없느니라. 포도는 나무의 열매니라. 가지의 일은 생명이 흐르도록 수로를 제공하는 것이라.

그러므로 자녀들아! 나와 연합하는 것이 너희들에게 가장 필요한 일이니라. 다른 모든 것은 자연스레 따라오리니 내 임재를 지속적으로 의식하는 것만으로 나와 연합할 수 있노라. 이

때 다른 사람들에게 너무 많은 말을 하지 않도록 하라.

많은 이들이 내가 말한 것을 하나도 행하지 않으면서 나를 "주여! 주여!" 하고 불렀도다. 행동은 살아서 후대까지 메아리를 울리지만 말은 금세 시드느니라. 내가 인간의 심령에 좀처럼 '말로' 하지 않는다는 것을 기억하라. 네가 나의 일을 할 때 사람들이 그 안에서 나를 볼 것이며, 사랑과 자아를 잊은 성품을 나타낼 때 사람들이 그 속에서 나를 만나리라. 네가 꼭 말해야 한다고 생각하지 말라.

인간이 하나님과 순전하고 자연스럽게 교제하기를 중단했을 때 말에서 도피처를 찾기 마련이라. 그래서 하나님께서 언어를 혼잡하게 한 것이 아니더냐? 그때 하나님께서는 인간을 땅에서 쓸어버리기 원하셨도다. 말을 의지하지 말라. 말은 감각에 속한 것이니 네 주인으로 삼지 말고 종으로 삼아라!

APRIL 4.24

내가 앞서 가리라
I Go Before

너는 결코 멸망하지 않으리니 네 안에 생명 중의 생명이 있기 때문이라. 그 생명은 예로부터 지금까지 내 종들을 위험과 역경과 슬픔에서 지켜주었노라.

네가 일단 내 영으로 거듭나면 그때부터 내 영이 호흡하느니라. 의심하거나 염려하지 말고 한 걸음씩 자유의 길로 걸어라. 내가 함께 걷고 있음을 잊지 말라.

이는 아무것도 두려워하지 말며 염려하지 말라는 뜻이지만 노력하지 않아도 된다는 뜻은 아니니라. 제자들이 밤새 애썼지만 아무것도 잡지 못했을 때 내가 어찌 했느냐? 아무 노력도 하지 말고 가만히 있으라고 말했느냐? 아니라. *"깊은 데로 가서 그물을 내려 고기를 잡으라"*(눅 5:4)고 명령하지 않았더냐?

결국 그물이 찢어지고 배가 가라앉을 정도로 많은 물고기를 잡아들여 주위에 도움을 청해야 했느니라. 그들은 문제 해결에 정신이 팔려 모든 것이 내 덕분이라는 것을 그때는 알지 못했으나 나중에 내 사랑과 돌봄을 깨달았느니라.

　인간은 모든 일에 힘써 행해야 하노라. 차를 타고 산에 오르는 사람은 등산가의 교훈을 배우지 못하느니라. 노력해야 한다는 말은, 내 영이 지혜와 능력을 공급하고 인도하지 않는다는 뜻이 아님을 기억하라. 내가 앞서 얼마나 자주 네 길을 준비했고 또 사람들의 마음을 누그러뜨렸는지 너는 알지 못하느니라.

APRIL 4.25

사랑의 임무를 다하라
Bless Your Enemies

너와 뜻을 같이하는 사람과 반대하는 사람 모두에게 "하나님의 축복이 깃들기를 기도합니다!"라고 말하라. 그들에게 축복과 성공과 기쁨의 소나기가 쏟아지기를 진심으로 바라며 그렇게 말하라. 그들을 바로잡고 훈련하는 것은 내게 맡기고 너는 오직 기쁨과 복을 빌어라. 그들을 가르치고 바로잡아 달라고 기도하라.

자녀들아! 나의 일은 내게 맡기고, 너는 내가 부여한 임무를 신실하게 감당하라. 사랑하라! 사랑은 모든 장애를 부수고 성공을 쌓느니라.

악한 것을 파괴하시는 하나님, 선한 것을 창조하시는 하나님은 사랑이니라. 서로 사랑하는 것은, 하나님께서 네 삶에 역사하도록 하는 것이니 하나님께서 네 삶에 역사하실 때 모든 조화와 아름다움과 기쁨과 행복이 네 것이 되리라.

APRIL 4.26

기회는 내가 만들리라
I Make the Opportunities

절대 의심하지 말라. 아무것도 두려워하지 말라. 두려움의 진동이 미약하나마 느껴지면 모든 것을 즉시 중단하고 기쁨과 힘을 회복할 때까지 내 앞에서 쉬어라. 피곤을 느낄 때에도 그렇게 하라. 나도 곤할 때면 제자들을 떠나 우물가에서 쉬었으니, 쉬고 난 뒤에야 사마리아 여인을 도왔느니라(요 4:6-26).

쉼을 위해 물러나는 시간이 이적을 행하는 능력에 선행하느니라. 내게 배워라. 나는 인간이 육신의 한계를 받아들임으로써 너와 똑같은 인간으로서 인간의 한계(죄와 관련된 부분만 예외로 하고)에 예속되었느니라.

나는 열두 제자들에게 내 영이 주는 힘으로 새로워지는 것과 육신의 휴식을 가르쳐야 했노라. 내가 광풍이 일 때 배 뒤편에서 잠들었던 것을 기억하느냐? 그것은 제자들이 생각했던 것처럼 그들의 처지에 무관심했기 때문이 아니었노라. 그들이 "선생님이여 우리의 죽게 된 것을 돌아보지 아니하시나이까"(막

4:38)라고 물었을 때, 쉼 없는 활동이 내 아버지의 계획의 일부가 아님을 가르쳐야 했기 때문이었느니라.

내 종 바울이 "내게 능력 주시는 자 안에서 내가 모든 것을 할 수 있느니라"(빌 4:13)라고 말했을 때, 자기 힘으로 모든 것을 할 수 있으며 그 후에 힘을 얻기 위해 나를 의지한다는 뜻을 비친 게 아니라 오직 내가 주는 힘만 의지할 때 내가 명한 모든 것을 능히 감당할 수 있다는 뜻을 의미한 것이라.

세상에서의 나의 일이 오히려 일에 의해 훼방받았음을 기억하라. 일에 매달려 안달복달하면서 쉴 줄 모르는 수많은 육신들이 영을 내몰았느니라. 영이 언제나 주인이 되어야 하며, 필요에 따라 자연스럽게 육신을 사용해야 하느니라. 내 안에서 쉬어라. 나를 위해 일하려 애쓰지 말라. 기회를 만들려고 조급해하지 말라. 오직 나와 함께, 나를 위해 살아라. 내가 일할 것이며, 내가 기회를 만들 것이니라.

APRIL 4.27

그리스도를 보았는가?
Seeing Christ

내가 네 옆에 있느니라. 나의 임재를 느끼지 못하느냐? 감각으로는 나와 접촉할 수 없나니 오직 내 영을 의식하는 의식으로 네 시각을 대체하라.

어떤 사람이 환상 중에 나를 보았다고 해서 반드시 그 사람의 영적 지각력이 다른 이들보다 뛰어남을 의미하지 않느니라. 오히려 그 사람이 내 영을 분명히 의식하지 못하기 때문에 내가 인간의 눈에 뚜렷하게 환상을 보임으로써 그 사람이 내 영을 의식하도록 도왔음을 의미하노라.

이를 기억하고 영적으로 나를 분명히 의식하고 있지만 시각적으로 나를 보지 못하는 내 자녀들을 격려하고 위로하라.

APRIL 4.28

힘들지 않은 길
The Roundabout Way

찔레덤불과 황량한 벌판과 깊은 늪지를 지나 때로는 계곡 아래로, 때로는 가파른 산으로 너를 인도하리라. 그러나 언제나 도움의 손길로 인도하리라. 네 주, 나를 따를 때 네 길에 영광이 넘치리라. 그러나 내가 다양한 길로 너를 인도한다고 해서 너에게 항상 다양한 훈련이 필요하다는 의미는 아니니라.

너는 지금 길 잃은 양을 찾고 있으며, 하나님나라를 전에 알지 못한 곳으로 옮기기 위해 전념하고 있는 중이니라. 너는 지금 나의 중대한 일인 영혼을 찾는 일에 동참하고 있음을 기억하라.

내가 너를 괴롭히려고 그 길을 택하는 것이 아니니 때로 괴롭고 피곤하더라도 힘들어하지 말라. 너와 내가 지금 영혼을 구원하고 있지 않느냐? 우리가 찾는 영혼들을 어느 길에서나 만날 수 있는 것은 아니라.

APRIL 4.29

조화를 이루라
Disharmony

구하라. 그리하면 얻으리라. 인생의 문제를 명확히 깨우쳐주는 내적인 지식을 발견하리라. 인생의 모든 어려움은 개인 사이의 부조화에서 발생하는 것이라. 내 나라에는 불화가 있을 수 없으나 내 자녀들 사이에 아직 정복하지 못한 몇 가지가 있구나.

내 나라의 규범은 완벽한 질서와 조화와 공급과 사랑과 정직과 순종이며, 모든 능력과 승리와 성공이니라. 하지만 내 종들은 자주 능력과 승리와 성공과 공급과 조화가 그들의 삶에 부족하고 삶에 나타나지도 않기 때문에 내가 약속을 지키지 않았다고 생각하고 있도다.

이런 것들은 순종과 정직함과 질서와 사랑에서 기인하는 외적인 결과에 지나지 않느니라. 그리고 이런 것들은 빠른 기도의 응답이 아니라 초에 불을 붙이면 빛을 발하는 것처럼 나와 함께하는 삶에서 자연스레 나오는 것이라.

APRIL 4.30

네 심령에도 봄이…

Spring-time

화창한 봄날을 즐거워하라. 네 심령에도 봄이 오게 하라. 봄은 열매를 맺는 결실의 계절은 아니나 꽃이 만발함을 약속하노라.

너의 삶도 기쁨의 약속으로 가득하다는 것을 깨달아라. 측량할 수 없는 축복, 말할 수 없는 기쁨, 형언하기 힘든 경이로움이 네 것이 되리라.

진정 모든 것이 잘되리라. 내가 비추는 빛과 사랑 안에서 살아라!

MAY

잠잠히 나를 믿고 기다려라

MAY 5.1

지연은 거부가 아니라
Delay Is Not Denial

내가 우주 만물을 통치한다는 것을 자연의 법칙 속에서 읽어라. 자연은 영원한 생각이 시간으로 표현된 것이라. 자연을 주시하며 영원한 생각을 포착하라. 자연 속에서 아버지의 생각을 읽을 수 있다면 진정 아버지를 알게 되리라.

모든 것을 나에게 맡겨라. 내 길에서 벗어나지 말라. 모든 것이 잘될 것을 확신하라. 기도 응답이 지연되는 까닭은 아버지께서 응답을 꺼리거나 거부하심이 아니라 사랑으로 오묘하게 억누르는 것이니라.

아버지께서는 지체하는 것을 좋아하지 않으시지만 때로는 섭리의 통치로 기도 응답을 지연시키기도 하시느니라. 네 삶이 다른 사람들의 삶과 긴밀하게 연결되어 있고, 환경에 단단히 묶여 있어서 너의 소원을 즉각 들어주다가 다른 소원이 응답받지 못하기도 하느니라.

그러나 하늘의 네 아버지께서 사랑과 관심으로 네 모든 소원과 갈망과 기도를 조화시킨다는 것을 잊지 말라. 지연은 거부도 보류도 아니라. 그것은, 아버지께서 가장 경이로운 방법으로 네 문제를 해결하고 네 소망을 이룰 기회를 찾는 것이니 나를 신뢰하라. 너를 조성하신 이가 친히 네 종이 되어 속히 성취하시고, 이루시고, 신실하게 완수하신다는 사실을 기억하라. 모든 것이 잘될 것이라.

MAY 5.2

제1원인
Souls That Smile

역경을 이기려면 먼저 자신을 이겨라. 나를 따르기 원하는 자녀들에게 하고 싶은 말이 있으니 "하늘에 계신 너희 아버지의 온전하심과 같이 너희도 온전하라"(마 5:48)라는 것이니라.

많은 것을 이루려면 먼저 그럴 만한 자격을 갖춘 사람이 되어야 하느니라. 온전한 성품을 갖출 때 '행하는 것', '잘 행하는 것'이 자연스러운 결과를 맺으리라.

두려워하지 말라. 모든 것이 잘되리라. 기도로 꽉 찬 하루, 나를 향한 하루, 나를 향한 미소로 가득한 하루를 살아라.

사람들이 하늘에 계신 너와 내 아버지를 제1원인이라 부르나니 따스한 서광, 일몰의 빛깔, 아름다운 꽃들, 수면의 미광, 모든 예정된 기쁨의 제1원인이신 하나님 아버지를 주목하라.

MAY 5.3

자아를 죽여라
Kill Self Now

자아를 폐위시켜라. 그리고 그 자리에 나를 향한 사랑, 나를 아는 지식을 두어라. 자아를 폐위시킬 뿐 아니라 죽여라. 자아를 죽인다는 것은 가둔다는 뜻이 아니니 감금당한 자아는 오히려 해하는 힘이 강하기 때문이라. 내가 너를 훈련하든, 네가 다른 이들을 훈련하든 모든 훈련을 할 때 자아를 죽여라! 그리고 자아의 생명에 일격을 가할 때마다 새 생명, 나와 함께하는 삶을 받아들이고 단단히 붙잡아야 하느니라.

자아를 죽이는 것을 두려워하지 말라. 정말 두려워해야 할 것은 감금당하고, 기세가 꺾이고, 노예 된 채로 여전히 네 안에 살아 있는 그 자아니라. 그런 자아는 제멋대로 활동하는 자아보다 훨씬 더 자기중심적인 힘을 발휘하느니라. 자녀들아! 너에게 성결의 삶으로 이끌 원칙을 가르치리니 내게 배워라. 자아를 죽여라! 형편없는 네 자아의 생명을 하나님이 주시는 새 생명으로 대체하라.

네 안에 있는 자아는 너에게 상처를 준 사람들을 결코 용서하지 못하느니라. 네가 그들을 자주 떠올린다는 것은, 네 자아가 그들에게 받은 상처를 더 크게 보이게 한다는 의미이니라. 참 사랑이 하나님께로부터 비롯되듯, 참 용서는 하나님으로부터 비롯되느니라. 자아는 용서를 모르니 지금 죽여라!

너를 아프게 했거나 괴롭게 한 이들을 용서하려고 애쓰지 말라. 그 일을 자꾸 떠올리면 실수를 면치 못하리라. 대신 지금, 일상의 삶에서 자아를 죽이려고 힘써라. 상처받은 너, 네 자아가 완전히 죽어 더 이상 상처가 떠오르지 않을 때까지 죽이기를 힘써라. 그들을 용서했다고 여기더라도 상처가 자꾸 떠오르는 한, 너 자신을 속이고 있는 것이라. 자아를 살려둔 채로 용서하려 애쓰는 것이 오히려 자아의 생명에 자양분을 공급하는 일이 될 수 있느니라. 실로 많은 내 자녀들이 이 부분에서 스스로를 기만하고 있노라.

MAY 5.4

나와 나눠라
Share with Me

내 사랑 안에서 기뻐하라. 내 나라의 환희 속에서 살기 위해 힘써라. 큰 것을 구하라. 더 큰 것을 구하라. 기쁨과 평화와 근심으로부터 해방을 요구하라. 내 안에서 기뻐하라.

나는 네 주, 창조주 하나님이라. 내가 어제나 오늘이나 영원토록 동일하다는 것을 기억하라(히 13:8). 태초에 내가 세상에 대해 생각했을 때 세상이 창조된 것처럼, 오늘 너를 향한 사랑에 대해 생각하는 것만으로도 이 땅에서 너에게 필요한 모든 것을 채워줄 수 있느니라.

내 안에서 기뻐하라. 나를 신뢰하라. 너의 모든 삶을 나와 함께 나눠라. 범사에 나를 보며 내 안에서 기뻐하라. 어린아이가 고통과 상처와 슬픔과 새로운 재미와 기쁨과 온갖 사소한 것들을 자신의 부모와 나누는 것처럼 모든 것을 나와 함께 나눠라. 그때 네 기쁨과 내 기쁨이 크리라!

MAY 5.5

내가 결정하리라
Let Me Choose

머리가 아니라 가슴으로 나를 생각하라. 그리하면 예배가 자연스레 나올 것이라. 내 영 안에서 정결한 공기와 뜨거운 열망으로 호흡하라.

영의 눈을 내게 고정하라. 네 영혼의 창을 나를 향해 활짝 열어놓아라. 모든 것이 네 것임을, 모든 것을 네게 주기를 내가 실로 기뻐한다는 것을 깨달아라.

너의 마음에서 '한계'라는 단어를 지워라. 아름다운 모든 것을 가질 수 있으리라. 결정은 내게 맡겨라. 결코 후회하지 않으리라!

MAY 5.6

무모하리만큼 담대하라
Sublime Audacity

인생길은 길고 곤하니라. 세상은 지쳐 있고 사람들도 그러하니 내게로 오라 내가 너희를 쉬게 하리라(마 11:28).

내 깃발 아래 선 자녀들아! 그 깃발에 '인자'(人子)라고 새겨진 것이 보이느냐? 나 곧 인자는 세상이 느끼는 것을 전부 느끼느니라. 그러므로 네가 진정으로 나를 따른다면 세상의 피곤함을 느껴야 할 것이며, 수고하고 무거운 짐 진 자들을 내게로 데려와 내 안에서 편히 쉬게 해야 하리라.

진정으로 나를 따르는 자녀라면 내 왼편이나 오른편에 앉기 위해 애쓰지 말고 내가 마시는 잔을 마시려고 준비하라. 세상 모든 질병을 고치는 약이 하나밖에 없다는 것을, 그 약이 바로 나와 하나가 되는 것임을 가련한 세상에게 가르쳐. 담대하게 견디고 이겨내라. 무모하리만큼 담대하라. 내게 요구하면 안 될 것 같다고 생각되는 것까지도 과감하게 요구하라. 세상이 불가능하다고 여기는 것들을 네 것으로 취할 수 있다고 믿어라.

MAY 5.7

네 노력도 필요하노라
Against the Tide

나를 신뢰하여 노를 젓는 사람은 자신의 노를 의지하지 않을 것이며, 물의 흐름에 몸을 맡기고 표류하지 않으리라.

그렇지만 내가 보여주는 길이 조류를 거스르기 때문에 네가 사력을 다해야 하는 경우가 종종 있으며, 네 노력으로 어려움을 극복해야 하는 때도 있노라. 하지만 그 힘과 기쁨은 언제나 나를 통해 얻을 수 있으리라.

어부였던 내 제자들이 해변 근처에서 물고기를 즉시 낚은 것이 아니었노라. 나는 인간의 노력을 취해 축복하노라. 내게는 인간의 노력이 필요하고 인간에게는 나의 축복이 필요하나니 이것이 바로 성공을 이루는 협조의 비밀이라.

MAY 5.8

하나님과 함께 쉬어라
The Rest of God

내가 너를 인도하고 있노라. 내 길은 분명하니 두려워하지 말고 나아가라. 내가 네 옆에 있으니 나의 음성을 들어라! 들어라! 내 손이 모든 것을 통제하고 있노라.

네가 쉬고 있을 때 내가 너를 통해 더 역사할 수 있음을 기억하라. 천천히, 조용히 한 가지 임무에서 다른 임무로 이동하라. 그 사이에 쉬며 기도하라.

지나치게 바쁘게 살지 말라. 내가 이르는 대로 모든 것을 정돈하라. 하나님 안에서 쉬는 것은 인간의 모든 행위를 초월하는 영역에 속한 것이니 과감하게 시도해보라. 진정한 평화와 기쁨을 발견하리라.

하나님과 함께 쉬는 것으로부터 나오는 모든 일은 이적의 일이라. 이적을 행하는 능력을 구하라! 네게 능력을 주시는 그리스도를 통해 아니, 너를 쉬게 하시는 그리스도를 통해 모든 것을 할 수 있음을 믿으라.

MAY 5.9

내 지혜를 의지하라

Harmony within

내 인도를 따르라. 어린아이가 제 어미 곁을 떠나기 두려워하는 것처럼 네 자신의 지혜를 따르는 것을 두려워하라. 너의 지혜를 믿지 말고 내 지혜를 의지하는 겸손을 배워라. 겸손은 네 자아를 낮추는 것이 아니라 망각하는 것이니라. 언제나 나에 대한 생각으로 가득하여 네 자아를 망각하는 것이라.

모든 것이 조화를 이루는 세상, 깨지고 부서진 사람들이 네게 동조하는 세상에서 사는 것을 기대하지 말라. 네 믿음을 훼방하는 환경에서 마음의 평화를 유지하는 것이 네가 할 일이라. 하늘의 음악을 듣기 위해 귀를 세울 때 언제나 조화를 얻느니라.

네 힘과 지혜를 의지하여 틀린 것을 바로잡으려 애쓰지 말라. 대신 내게 부탁하라. 모든 것을 내게 맡긴 뒤 사랑하고 웃으며 네 길을 가라! 나는 지혜이니, 오직 내 지혜만이 옳은 판단을 하며 문제를 해결할 수 있노라. 나를 의지하라.

MAY 5.10

평온은 신뢰함이니
Calm-Not Speed

흥분은 선(善)을 파괴하나 평온은 선을 세우는 동시에 악(惡)을 파괴하느니라. 성급하고 경솔하게 돌진하면 악한 것을 부르게 된다는 것을 알지 못하느냐? 그것은 잘못된 것이라.

너는 먼저 내가 하나님임을 기억하여 잠잠하라. 그리고 내가 이르는 대로만 행하라. 고요함은 신뢰하는 것이니 신뢰하라. 온전히 신뢰하면 언제나 평온하리라.

"잠잠하고 신뢰하여야 힘을 얻을 것이어늘"(사 30:15).

어떤 환경이나 곤경에 처하더라도 두려워하지 말라. 오히려 그것들로 인해 네 평온함을 가꿔나가라. 세상은 허망한 것을 얻기 위해 서두르는 법을 배우나 너는 영원한 것을 얻기 위해 고요해지는 법을 배워라. 나를 위한 위대한 일들이 여기서부터 시작되느니라.

MAY 5.11

내 임재 안에 잠기는 시간
The Divine Third

네가 마음을 합하여 기도하고 있는 지금, 어려운 시기를 잘 보내도록 인도하고 있노라. 이 어려움의 시기는 곧 지나갈 것이요, 후에는 이 시간이 내 임재 안에 온전히 잠기는 시간이 될 것이라.

내가 땅에 있을 때 가르쳤고 또 네게도 가르쳤듯이, 너희들이 마음을 합하여 기도할 때 나도 너희 가운데 있으리라(마 18:20).

오늘 밤 내가 더 많은 것을 말하리라. 내가 이르노라. 그리고 너와 교제하는 내가 성령임을 깨달을 때가 오리라.

MAY 5.12

보호와 안위의 전율
Thrill of Protection

모든 의심과 두려움을 거부하라. 단 1초라도 용인하지 말라. 도둑이 보화를 훔쳐가지 못하도록 집 문에 빗장을 지르듯, 네 영혼의 창과 문에 빗장을 질러 이것들이 침입하지 못하게 하라. 평화와 기쁨과 안식보다 더 귀한 보화가 어디 있겠느냐? 의심과 두려움과 절망이 그 보화를 훔쳐가느니라.

사랑과 웃음으로 하루하루를 맞이하고 인생의 폭풍을 대면하라. 사랑과 기쁨과 평화는 내가 주는 귀한 선물이라. 내 안에서 보호와 안위의 전율을 느껴라. 항구에 정박한 영혼이라면 누구나 느낄 수 있겠지만 폭풍과 싸우면서도 이를 느낄 수 있는 영혼들만이 진정한 기쁨과 승리를 차지하리라.

"만사형통하리라!"라고 말하라. 무익하게 반복하지 말고, 상처 입은 곳에 향유를 바르는 마음으로, 환부의 독이 완전히 빠져나갈 때까지, 염증이 가라앉을 때까지, 생동하는 생명의 전율이 삶에 범람할 때까지 말하라. 만사형통하리라!

MAY 5.13

판단하지 말라
Never Judge

자아를 정복했을 때 찾아오는 기쁨을 무엇에 비하랴? 너 자신을 정복하지 못하면 그 무엇도 정복하거나 다스릴 수 없으리라.

너는 지금 요동치 않는다고 확신하느냐? 나를 생각해보라. 십자가로 향하는 길에 나에게 침을 뱉고 조롱하고 때리던 병사들에게 내가 어떻게 하였느냐? 아무 말도 하지 않았노라. 그런 태도를 하나님이 주시는 능력으로 여겨 간절히 사모하라. 네가 가진 세상을 다스릴 권세를 입증할 방법은 온전한 침묵과 온전한 자아 통제뿐임을 기억하라.

절대 판단하지 말라. 인간의 마음은 섬세하고 복잡하며, 다른 동기로 행동하며, 다른 환경의 지배를 받아 서로 다르니라. 오직 인간을 창조한 나만이 알 수 있노라. 어찌 사람이 다른 사람을 판단할 수 있겠느냐? 인생의 수수께끼를 푸는 일은 내게 맡겨라. 가르치는 것은 창조주인 내게 맡기고 사람들을 데려오라. 내가 잘못된 것들을 바로잡을 수 있음을 믿어라.

MAY 5.14

친밀한 사랑

The Love of a Lover

나는 나를 따르는 자들, 곧 내 친구들이 나의 친밀하고 다정한 요구를 기쁘게 받아들일 뿐 아니라 나에게도 친밀하게 요구하기를 바라노라.

부모가 자녀를 사랑하고 기뻐하는 마음으로 자녀에게 요구하고 주장하는 것처럼 자녀 또한 부모에게 자유롭게 요구하고 주장하고 있노라. 그런데 나를 따르는 자들이 친구처럼 내게 오는 친밀함은 오로지 나와 자주 대화하고 기도하는 것, 내 음성을 듣고 내 명령에 순종하는 결과로만 나오느니라.

내가 부드럽게 명할 때 기쁘게 굴복하라. 그러나 나 역시 네 요구를 듣고 있음을 기억하라. 네게 말한 큰 것 뿐 아니라 사랑의 세심한 징표들도 구하라. 내 사랑을 인간에 대한 긍휼과 연민과 온화한 용서로만 여기지 말라. 내 사랑은 연인의 사랑이기도 하나니 연인은 헤아릴 수 없는 말과 행동과 생각으로 자기 사랑을 나타내느니라.

나는 아버지와 하나이지만 아버지를 높이고 아버지께 순복하느니라. 그 하나님이 네 안에 계심을 기억하라. 그러므로 네가 하늘에 계신 내 아버지를 닮아갈수록 내가 너와의 교제에 다정한 사랑, 존중하는 사랑을 더할 것이라. 인간은 다른 인간 안에서 자신이 가진 특질과 열정을 보느니라. 그러므로 사람들은 네 안에서 하나님을 보지 못할 것이나 나는 보리로다. 참 하나님인 나만이 사람 안에서 하나님을 알아볼 수 있노라.

　다른 사람들을 대할 때 명심할 것이 있으니 너와 동일한 영적 수준에 도달한 사람만이 네 동기와 열정을 이해할 수 있음이라. 그러니 그 수준에 이르지 못한 사람들의 이해를 기대하지 말라. 그들이 너를 이해해주지 않는다고 오해하지 말라. 그들에게는 네가 하는 말들이 낯선 말로 들리리라.

MAY 5.15

먼저 구할 것
First the Spiritual

네 심령이 고뇌하고 있구나! 네게 무슨 말을 할까? 내가 네 상한 심령을 싸매주는 하나님(시 147:3)임을 기억하라. 내가 네 상처를 싸맬 때, 내 손의 부드러운 감촉을 느껴라. 너는 특권을 소유한 내 자녀이니라. 다른 많은 이들은 어둠 속에서 더듬어 찾을 것이나 나는 내 계획과 비밀을 너와 나눌 것이며 내 뜻을 너에게 알리리라.

"너희는 먼저 그의 나라와 그의 의를 구하라 그리하면 이 모든 것을 너희에게 더하시리라"(마 6:33).

이 말씀에 믿음의 닻을 내려라. 내 나라에 속한 것들을 먼저 구하라! 이 말을 이상히 여기지 말라. 물질적인 것을 얻는 게 먼저이고 영적인 지식을 얻는 것이 나중이라고 생각하지 말라. 내 나라에서는 그렇지 아니하니 영적인 것이 먼저이고, 물질적인 것이 나중이니라. 그러므로 물질적인 것을 얻으려면 영적인 것을 얻으려는 노력을 배가하라.

MAY 5.16

기도와 찬양
Pray and Praise

내게 와 간구하라. 간절한 간구와 그것으로부터 나오는 평온한 신뢰 안에서만 능력을 배우고 평화를 얻을 수 있기 때문이라. 내가 제자들에게 쉬지 말고 기도하라고 한 것도 바로 그런 이유 때문이니라.

기도하다 낙심하지 말라. 네 기도가 실로 놀라운 방식으로 응답되었음을 문득 깨닫는 날이면, 그동안 기도를 많이 하지 않은 것을 몹시 후회하게 되리라. 기도는 모든 것을 바꾸며 새로 창조하느니라. 기도는 불가피한 것이니라. 쉬지 말고 기도하라(살전 5:17). 하나님에 대한 신뢰가 바위처럼 견고해질 때까지, 기도가 거부할 수 없는 습관이 될 때까지 계속 기도하라.

기도가 찬양으로 녹아들 때까지 기도하라. 참된 기도는 찬양이라는 마침표로 종결되어야 하느니라. 하나님을 향한 네 기도와 찬양의 태도로 인간을 향한 네 사랑과 태도를 가늠할 수 있느니라.

MAY 5.17

다가올 기쁨을 기대하라
Sorrow to Joy

"저녁에는 울음이 기숙할지라도 아침에는 기쁨이 오리로다" (시 30:5).

내 자녀들 가운데 가장 용기 있는 자녀들은, 슬픔의 밤을 지날 때 아침이 오리라는 것을 확실히 기대하고 기쁨을 느끼는 자들이로다!

MAY 5.18

새로운 능력
New and Vital Power

"땅 끝의 모든 백성아 나를 앙망하라 그리하면 구원을 얻으리라"(사 45:22).

인간의 공로로는 구원을 얻을 수 없나니 나를 바라보는 자들만이 구원을 얻으리라. 누구나 바라볼 수는 있으리니 그냥 바라보는 것으로 족하리라. 곧 구원이 이르리라.

나를 보라. 그리하면 절망과 근심걱정으로부터 구원받을 것이요, 형언할 수 없는 평화가 네 안에 흐를 것이요, 새로운 능력과 놀라운 기쁨이 넘치리라.

나를 보라. 계속 바라보라. 의심이 달아나며 기쁨이 지배할 것이요, 소망이 승리하리라. 소생하게 하며 새롭게 하는 생명, 영원한 생명이 네 것이 되리라.

MAY 5.19

구조와 안내

Rescued and Guided

내 손 안에 있을 때 모든 것이 안전하리라. 쉬는 것은 나를 신뢰하는 것이니 쉬지 않고 일하는 것은 신뢰하지 않는 것이라. 내가 너를 위해 일하는데도 네가 알지 못해 쉬지 못하는 구나! 그러다가 절망하여 나태에 빠지면 어찌하려느냐?

"여호와의 손이 짧아 구원치 못하심도 아니요"(사 59:1).

이 말씀의 의미를 깨달아라. 이 말씀을 믿고 반복해서 말하라. 이 말씀 안에서 기뻐하라. 이 진리는 물에 빠진 사람에게 던져진 생명선과 같으니라. 이 말씀을 반복할 때마다 안전한 물가로 더 가까이 끌려오리라.

이 진리를 붙잡아라. 확신하라. 주장하며 기도하라. 이 진리의 밧줄을 놓지 말라. 네가 한 손으로는 밧줄을 잡고 다른 한 손으로는 헤엄치면서 뭍으로 나가려고 안간힘을 쓰고 있으니 어리석기 짝이 없구나! 그러다가 혹시라도 밧줄을 놓칠세라 세심하게 살피는 구조자의 일을 오히려 훼방할까 염려되는구나!

인생길에 폭풍과 폭설만 있는 것은 아니니라. "주의 파도와 물결이 나를 엄몰하도소이다"(시 42:7)라고 말한 시편 기자가 다른 곳에서는 "나를 기가 막힐 웅덩이와 수렁에서 끌어올리시고 내 발을 반석 위에 두사 내 걸음을 견고케 하셨도다"(시 40:2)라고 말했노라. '안전'(safety), '보장'(security), '인도'(guidance)의 3단계로 진행되는 이 놀라운 진리를 묵상하라.

세 번째 단계는 구원받은 영혼이 나를 전적으로 신뢰해 더 이상 자신의 길을 구하지 않고, 장래의 모든 계획을 자신의 구조자인 내게 맡기는 단계이니라.

MAY 5.20

나와 함께 승리하라
Win Me-Win All

너는 승리하리라. 승리의 능력이 결코 쇠하지 않으리라. 담대한 마음과 신뢰하는 마음을 잃지 말라. 네 모든 어려움을 승리의 능력으로 마주하라.

 전에 알지 못한 높은 곳에 올라가라. 내가 있는 곳이 곧 승리의 처소임을 기억하라. 모든 악한 세력, 네 안팎에 있는 악한 세력이 내 앞에서 물러가리라. 나와 함께 승리하라. 그리하면 모든 것을 이길 수 있으리라.

MAY 5.21

모든 염려를 던져라
Fling It at My Feet

나를 보려면 네 모든 염려를 가지고 나와 나를 신뢰한다는 것을 입증하라. 너의 모든 염려를 내려놓을 때 내 임재를 의식하게 되리라.

내 임재를 계속 의식하면 보상이 따르리라. 염려의 안개가 앞을 가리고 있는 한 내 얼굴을 보지 못하리니 오직 네 모든 염려를 내 발 아래 던져라. 그때 비로소 영적인 눈이 열려 내 임재를 의식할 수 있으리라.

순종! 순종을 기억하라. 그것이 바로 내 나라로 향하는 좁고 곧은 길임을 기억하라. 자녀들아! 나에게 온유한 사랑의 꾸지람을 받을지언정 "너희는 나를 불러 주여 주여 하면서도 어찌하여 나의 말하는 것을 행치 아니하느냐"(눅 6:46)라는 책망만큼은 듣지 않도록 하라.

일상의 훈련과 의무를 신실하게 감당하여 네 성품을 아름답게 조각하라. 순종만으로는 구원을 이룰 수 없으니 나와 친밀하게 대화하는 시간, 내가 주는 힘과 도움이 필요하리라. 순종을 통해 네 자신의 구원을 이뤄야 하기 때문이니라(빌 2:12).

영적인 삶을 위해서도 순종하는 훈련을 해야 하느니라. 기도와 묵상의 삶을 갈망하더라도 바쁜 일상에 떠밀리기 십상이니 내 안에 쉬며 인내로 나를 기다려라. 범사에 순종하라. 쉬어라. 기뻐하라. 바쁜 일상 속에서도 마음의 평화를 잃지 말라.

MAY 5.22

내 소유를 차지하라
Command Your Lord

요구하라! 계속 요구하라! 오래 참는 신뢰도 있거니와 오래 참지 못하는 신뢰도 있노라. 오래 참지 못하는 자녀라도 옳다고 확신하고 어린아이처럼 끈질기게 '지금'을 고집하며 "나의 하나님이여 지체하지 마소서"(시 40:17)라고 말하느니라.

너는 더 이상 종이 아니요 내 친구이니라. 내가 말하는 친구는 친구에게 서로 명할 수 있으며, 친구가 가진 모든 것이 당연히 자기 것이라는 것을 알 수 있는 관계이니라. 이는 친구에게 해를 끼치는 게으른 친구가 되라는 뜻이 아니라 네가 가진 것이 바닥났을 때 친구의 이름과 친구의 시간과 친구가 가진 모든 것을 요구할 수 있다는 뜻이니라. 진실한 우정은 친구의 것을 제 것으로 할 수 있는 권리를 포함하느니라.

너는 하나님의 상속자, 하나님의 기업을 나와 함께 받을 공동 상속자이니라. 우리가 아버지의 소유를 함께 나누는 것이라. 너는 나와 마찬가지로 하나님의 소유를 사용하고 요구할

권리가 있으니 네 권리를 행사하라. 거지는 간절히 애원하나 자녀는 당당히 부모의 소유를 차지하느니라.

나는 내 자녀들이 내 집 앞에 무릎 꿇고 간절히 애원한 뒤 그 자리에서 마냥 기다리는 것을 볼 때, 그 행위의 어리석음을 스스로 깨달을 때까지 그 자리에 남겨놓곤 하느니라. 내가 왜 그렇게 하겠느냐? 그들이 내 집으로 들어와 내 소유를 그냥 취하면 되기 때문이 아니겠느냐? 그러나 누구나 처음부터 이렇게 할 수 있는 것은 아니니라. 하나님의 자녀됨을 분명히 깨달은 자녀만이 그렇게 할 수 있으리라.

MAY 5.23

너는 내 심부름꾼이라
Little Frets

네가 인생을 온전히 다스리지 못하는 까닭은 무거운 짐 때문이 아니라 가벼운 근심과 짐이 높이 쌓이도록 방치했기 때문이라. 어떤 일 때문에 괴롭거든 다른 사람을 만나 조언을 구하거나 새로운 일을 시작하기 전에 나와 함께 처리하라.

네 자신을 나의 일을 수행하는 심부름꾼으로 여겨라. 주인에게 속히 돌아와, 메시지를 전했고 임무를 완수했다고 보고하는 심부름꾼으로 생각하라. 일단 심부름을 신실하게 수행했으면 그 결과에 불필요한 책임감을 느끼지 말라. 네 유일한 책임은 내 심부름을 잘 수행하는 것이니 나를 위해 더 많은 일을 하게 된 것을 기뻐하며 다시 나가 내 심부름을 수행하라.

MAY 5.24

후히 베풀라
Abundance

세상은 보지 못하느니라. 네 고통, 괴로움, 전쟁, 승리, 곤경을 알지 못하느니라. 그러나 이 모든 것을 아는 분, 네 모든 위기와 노력과 고통에 주의를 기울이는 분이 있으니 감사하라.

내 음성을 듣는 너는, 내가 말하는 모든 영혼들을 도와야 한다는 것을 알리라. 있는 힘껏 도와라. 아무리 도와도 충분치 못하리라. 그러나 네가 다른 사람들을 도울 때 너 또한 도움을 받을 것이요, 그 도움의 범위가 더욱더 넓어지리라.

내가 오천 명을 먹이는 현장에 네가 지금 있다고 생각해보라. 내가 네 손에 건네준 음식을 네가 다른 사람들에게 전해줄수록 음식은 더 풍성해지느니라. 물론 보리떡 다섯 개와 물고기 두 마리를 손에 들고 "제가 먹을 것밖에 없습니다"라고 말할 수도 있느니라. 그러나 기억하라. 당시 이적이 일어난 것은, 내가 축복해서만이 아니라 제자들이 전해주었기 때문이라.

네 자신을 깨끗이 비운다는 마음으로 후히 베풀라. 내가 넘치도록 주어 다시 가득 채울 것이라. 내가 인색하게 채워주더냐? 내가 후히 채워주었을 때 제자들의 그물이 찢어지고 배가 가라앉을 지경이 되지 않았더냐? 나와 교제할 때는 한계를 생각하지 말라.

하나님은 언제나 풍성하게 공급하시느니라. 하나님의 능력을 제한하는 모든 생각을 거부하라. 축복의 소나기를 맞으라. 그리고 가서 그 축복의 소나기를 퍼부어라.

MAY 5.25

하나님나라의 비밀
Accomplish Anything

네가 이룰 수 있는 일에는 제한이 없으리라. 이를 깨달아라. 어떤 일이 너를 향한 내 뜻이라는 확신이 드는 한, 네 능력에 버거워 보인다는 이유로 단념하거나 포기하지 말라. 이것이 오늘 너에게 주는 명령이니 기억하라.

연약한 새싹에 대해 생각해보라. 새싹은 땅 위로 솟아오르면 햇빛과 온기가 반긴다는 것을 전혀 알지 못하지만 굳은 땅을 힘겹게 뚫고 나오느니라. 이는 씨앗의 능력을 넘어선 것 같아 보이지만 씨앗에 있는 내적 생명력이 다그치기 때문에 제 임무를 수행하는 것이라. 하나님나라도 이와 같으리라.

MAY 5.26

더 요구하라
Claim More

내가 말한 대로 네가 지금 요구하고 있으니 그 결과를 곧 목도하게 되리라. 이는 변치 않는 진리이니라. 너는 지금 새로운 것을 실습하는 학생과 같으니 반복해서 학습하면 쉽게 행할 수 있으리라.

아마 너는 다른 사람들이 손쉽게 내 능력을 나타내는 것을 보았으리라. 그러나 그들이 그런 능력을 보이기 전에 고된 훈련을 받았다는 것을 기억하라. 나는 고된 훈련을 거친 제자들에게만 그런 능력을 허락하느니라. 훈련은 더 높은 데로 오르기 위한 또 다른 시작이니라.

너는 내게 많은 것을 배웠으므로 인생에서 실패하지 않으리라고 느끼리라. 그것은 옳으니라. 그러나 다른 사람들이 네 삶 가운데 내 능력이 드러나는 것을 목도하여 이 영적 진리를 깨달으려면 아직 더 기다려야 하느니라.

MAY 5.27

뿌리와 열매
Roots and Fruits

씨앗이 주는 교훈을 기억하라. 씨앗은 세상에 즐거움을 선사하는 줄기와 꽃이 되기 위해 진액을 위로도 보내지만 땅에 뿌리 내리기 위해 아래쪽으로 보내기도 하느니라.

이 두 가지 성장은 모두 필요하니라. 식물은 굵은 뿌리가 없으면 말라죽나니, 분주히 활동만 하는 제자들이 내 안에서 성장할 수 없는 것이 바로 그 때문이라. 줄기가 높이 오를수록 뿌리는 더욱 깊이 박혀야 하느니라.

이를 망각하고 나를 위해 일하다가 중도에 포기하는 일꾼들이 많구나! 튼튼한 뿌리 없이 잎과 꽃만 무성한 나무는 열매를 맺지 못한다는 것을 잊지 말라.

MAY 5.28

네 사랑을 시험해보라
Test Your Love

진정으로 나를 사랑하는 자녀는 어떤 난관이나 시련과 실패 가운데 있더라도 나와 함께하기만 한다면 충분하다는 것을 알고 있노라. 이로써 나를 향한 네 사랑을 시험해보라.

나와 함께하라. 내가 네 옆에 있음을 기억하라. 이것이 너에게 기쁨과 평화를 주느냐? 그렇지 않다면 나를 향한 너의 사랑, 내 사랑에 대한 네 깨달음이 잘못된 것이라.

더 많은 사랑을 달라고 기도하라.

MAY 5.29

잊어라
Forget

아무것도 후회하지 말라. 과거의 죄와 실패일지라도 후회하지 말라. 천신만고 끝에 산 정상에 올라 놀라운 장관을 감상하는 사람은 산을 오르면서 바위나 덤불에 걸려 넘어졌던 일을 떠올리며 언짢아하지 않느니라.

너도 그래야 할 것이라. 어제 일은 모두 잊고 새날이 주는 풍성한 복을 흠뻑 들이마셔라. 인간은 하루의 무게만 감당할 수 있도록 만들어졌으니 지난날의 무게와 앞날의 무게를 모두 지다가는 등이 부러지리라.

네 과거의 짐은 이미 내가 가져갔느니라. 그런데도 네가 그 짐을 다시 지면서 내가 그 짐을 덜어주기 기대한다면 얼마나 어리석은 짓이겠느냐?

행군하는 사람은 행군에 꼭 필요한 것만 몸에 지니느니라. 장거리 행군을 하는 사람이 전에 신던 해진 신발과 낡은 제복까지 짊어지고 쩔쩔맨다면 얼마나 딱해 보이겠느냐? 그러나 내 자녀들 중에도 이렇게 사는 이들이 참으로 많으니라. 그러니 내 가엾은 세상이 여전히 병들고 지쳐 있는 것이 당연하도다. 너는 그렇게 하지 말라.

MAY 5.30

찬양의 놀라운 능력
The Devil's Death Knell

내 뜻을 받아들이는 것도, 순종하는 것도 '악을 격파하는 능력' 면에서는 찬양에 미치지 못하느니라. 찬양하라! 기뻐하는 심령이야말로 악을 대적하는 최고의 무기이니라. 기도하며 찬양하라!

너는 지금 나에게 배우고 있느니라. 나를 따라 넓은 곳으로 나아가고 있느니라. 기쁨의 노래를 부르며 나아오라. 순간순간 더욱더 기뻐하라. 너의 하루하루가 기쁨의 전율로 가득하면 진정 행복하리라.

나를 따라오며 내게 말하라. 내 얼굴을 바라보아라. 사랑의 얼굴을 구하라. 안전을 구하고 내가 가까이 있음을 확신하는 데서 오는 기쁨의 전율을 구하라.

이것이 최선의 기도이니라. 그러면 성공을 따돌리는 불쾌한 그림자, 두려움이 사라지리라.

MAY 5.31

말하지 않아도
Prayer without Words

알겠노라! 내가 듣고 응답하리라. 기도에 많은 시간을 쏟아라. 기도에는 많은 종류가 있으나 어떤 기도든 네 영혼과 마음과 심령을 하나님께 연결하노라.

기도가 단지 믿음을 드러내거나 사랑의 표정이나 말이나 확신을 나타내 보이는 것이라면 말로 간청하지 않아도 공급이 뒤따를 것이며 모든 필요를 확보하게 되리라.

하나님께 연결된 영혼은 하나님과 연합하여 하나님 안에서, 하나님을 통해 모든 것을 받게 되느니라.

JUNE
내 음성에 귀 기울여라

JUNE 6.1

네 영혼이 변화되리라
Companionship

하나님과 교제할 때 네 영혼이 변화되리라. 네 영혼을 이렇게 혹은 저렇게 만들어달라고 구하지 말라.

대신 내 안에서 살라. 언제나 나를 생각하고 내게 말하라. 그리하면 나를 닮으리라.

나를 사랑하라. 내 안에서 쉬고, 내 안에서 기뻐하라.

JUNE 6.2

나의 형상

My Image

네가 내 잔을 기꺼이 마시려 하는구나! 너는 내 것이니 너의 주인인 나를 점점 닮으리라.

    내 얼굴을 보고 목숨을 부지할 인간은 도무지 없나니 그것은 모세 시대나 오늘이나 동일하니라. 그러므로 본래 인간인 자아가 죽고 난 뒤에 내 형상이 영혼에 새겨지느니라.

JUNE 6.3

감사의 인사
Eject Sin with Love

사랑에는 세상을 변화시키는 능력이 있노라. 이를 기억하라. 나를 사랑하고, 너를 사랑하는 사람을 사랑하라. 그리고 모든 사람을 사랑하라. 죄인과 창기까지도 사랑하라.

사랑은 죄를 몰아내는 강력한 무기이니라. 사랑으로 죄를 몰아내라. 찬양으로 두려움을 몰아내라. 절망과 좌절감과 의기소침을 몰아내라. 찬양은 내가 보낸 것들을 잘 받았다는 감사의 표시니라. 선물을 준 사람이 감사의 인사를 받으면 더 좋은 선물을 주지 않겠느냐?

그러므로 내 축복과 선물을 찬양하라. 내가 보낸 것들을 잘 받았다는 감사의 표시를 하라. 감사할 줄 아는 네 심령에 축복의 소나기를 부어줄 수 있게 길을 활짝 열어라.

어린아이가 감사를 잘 모를 때에도 "감사합니다!"라는 말을 배우는 것처럼 너도 나에게 감사하는 법을 배워라. 기쁨의 전율과 감사의 외경심이 너를 훑고 지나갈 때까지 그렇게 하라.

다른 사람들이 무엇을 받고 있는지, 무엇을 받았는지 알려고 하지 말라. 너는 그냥 순종의 메마른 길을 걸어라. 기쁨의 샘에 이를 때 네 끈기와 인내가 보상을 받으리라. 내 안에서 기뻐하라. 내 안에 거하는 한, 네 주변에 온통 기쁨을 뿌려주리라.

JUNE 6.4

인내와 힘을 나눠가져라
Divine Patience

거푸집에서 무엇을 만든다는 것은 자르고 쳐낸다는 뜻이니 그틀에 맞추기 위해 개인적인 것들을 희생한다는 의미가 있느니라. 그것은 나의 일이기도 하거니와 너의 일이기도 하노라.

네 욕구와 동기와 행위와 말과 생각에 들어 있는 이기적인 것들을 신속하게 인식하는 것, 그래서 그것을 제거해달라고 즉시 내게 호소하는 것이 바로 네가 해야 할 일이라.

그것은 나와 너의 협력이 필요한 일이니라. 무기력과 낙심에 빠질 때도 있으리라. 그 과정이 진척될수록 네가 해야 할 일이 아직 많이 남은 것을 더욱 분명히 깨닫게 되고, 전에 의식하지 못한 결점이나 단점들이 너를 몹시 괴롭게 하고 당혹시킬 것이기 때문이라.

그러나 용기를 가져라. 그런 것을 느낀다는 사실 자체가 네가 앞으로 나아가고 있다는 확실한 징표가 되기 때문이라. 참아라. 다른 사람들을 참아줄 뿐 아니라 네가 보기에도 못마땅한 너 자신을 참아라. 네 열렬한 갈망과 분투에도 네가 천천히 위로 향하고 있음을 깨달을 때, 아직 온전하지 못해 너를 괴롭히는 사람들과 너 자신을 참아줄 인내를 하나님이 주시리라.

계속 올라가라. 앞으로 나아가라. 인내하며 참아라. 분투하라. 너의 대장, 조력자, 내가 네 옆에 있음을 기억하라. 인내하라. 온유해져라. 강해져라. 내가 돕고 있음을 기억하라. 내가 네 고통과 실패와 어려움과 아픔을 함께 나누는 것처럼 내 인내와 힘을 함께 나눠라. 내가 너를 사랑하노라!

JUNE 6.5

잠잠히 내 음성을 들어라
That Tender Voice

나는 조용히 말하느니라. 내 음성을 들어라. 세상의 소음에 귀 기울이지 말고 내 부드러운 음성을 경청하라. 결코 낙심하지 않으리라. 들어라. 불안한 생각들과 피곤한 신경이 쉼을 얻으리라. 분주하게 일할 때보다 평온할 때, 능력을 발휘할 때보다 편히 쉴 때 내 음성을 들을 수 있으리라.

평온함과 쉼이 네 모든 상처를 치유할 것이며 너를 강하게 만들리라. 내 능력을 얻고 싶다면 평온히 쉬면서 내 음성을 들어라! 내 능력 옆에 있는 인간의 능력은 거대한 반석 옆의 한줌 진흙과 같으니라.

내가 너를 세심히 돌보고 있노라. 세상이 너를 좌우한다고 생각하지 말라. 나의 천사들이 주야로 지키고 있나니 그 무엇도 너를 해치 못하리라. 천사들이 사탄이 쏘아대는 근심과 두려움의 화살을 완벽하게 막아주고 있노라. 알지 못하는 위험, 보이지 않는 위험을 지나가게 하는 나에게 감사하라!

JUNE 6.6

모든 것을 공급하시는 하나님
How Men See Me

나는 세상을 도우러 왔노라. 사람들에게 필요한 것이 제각각인 것처럼 나를 보는 시각도 다양하느니라. 네가 다른 사람들과 동일한 시각으로 나를 보아야 하는 것은 아니라. 그러나 모두가 나를 각자에게 필요한 모든 것을 공급하시는 하나님으로 보아야 하느니라.

연약한 자는 내 힘을, 강한 자는 내 온유함을, 시험에 빠져 넘어진 자는 내 건짐을, 의로운 자는 죄인을 측은히 여기는 내 긍휼함을, 외로운 자는 내 우정을, 분투하는 자는 나의 인도를 필요로 하느니라.

세상 모든 사람에게 이 모든 것을 공급할 수 있는 사람은 없으니 오직 하나님만이 그렇게 할 수 있느니라. 내가 사람들 각자에게 필요한 것을 공급하며 그들과 관계를 맺을 때, 너는 각각의 관계 속에서 하나님을 보아야 하느니라. 하나님은 너의 친구이며, 인도자이며, 구원자이니라.

JUNE 6.7

내 나라의 보화
True Beauty

은혜와 능력과 아름다움, 참된 아름다움, 성결의 아름다움 속에서 살며 성장하라. 팔을 쭉 뻗어 내 나라에 속한 것들을 잡아라.

내 나라의 보화를 추구해 그 경이로운 것들을 한껏 받아 누리려면 네 본성 자체가 변화되어야 하느니라.

이 진리 안에 거하라!

"너희는 귀를 기울이고 내게 나아와 들으라 그리하면 너희 영혼이 살리라"(사 55:3).

나는 내 안내에 따라 행하는 것을 즐거워하고 기뻐하는 자녀를 원하노라.

JUNE 6.8

내 길을 택하라
The Only Way

예로부터 지금까지 오직 내 능력만이 실족하기 쉬운 수많은 영혼들을 용맹스럽고, 진실하고, 강하게 했느니라. 믿음은 안일하게 사는 자들에 의해서가 아니라 나를 위해 분투하고 고난당하고 죽는 자들에 의해 생명이 유지되고 전해지느니라.

이생의 삶은 육신이 아니라 영혼을 위한 것인데도, 오로지 영혼을 만족시키는 것만 허락하는데도 사람들이 영혼을 만족시키는 길이 아니라 육신을 즐겁게 하는 길을 택하고 있구나!

영혼을 만족시키는 길을 택하라. 그리하면 네 성품이 변화되어 놀라운 결과를 맛볼 것이나 그 길을 거부하면 내 뜻이 꺾일 것이요, 네 부지런한 기도가 응답받지 못하리라. 또한 영적 성장이 정체될 것이요, 고통과 슬픔이 가득 쌓이리라.

네 영혼을 우리, 곧 너와 나에 의해 훈련 받고 있는 제3자로 여기도록 노력하라. 그러면 내가 시행하는 훈련과 규율에 기꺼이 참여하게 될 것이요, 그것을 기쁨으로 여기게 되리라.

나와 함께 네 영혼에서 한 발짝 떨어져 서라. 그리고 훈련을 기쁘게 받아들여라. 영적으로 성장하는 것을 기뻐하라.

JUNE 6.9

장애물 경주
An Obstacle Race

네 두려움과 부질없는 공상을 딛고 일어나 내 기쁨 안으로 들어오라. 그리하면 모든 상처와 염증이 나으리라. 실패의 기억, 고통스러운 충격과 삐걱거림, 모든 결점을 잊고 나를 신뢰하라. 나를 사랑하라. 내게 부르짖어라.

네가 걷고 있는 제자의 길은 장애물 경주이니라. 상을 받을 수 있도록 달려라. 네 마음의 소망이요 영혼의 기쁨이요 항구인 나를 상으로 얻어라. 장애물 경주자가 잔뜩 의기소침하여 첫 번째 장애물조차 넘지 못하고 주저앉는다면 끝까지 달릴 수 있겠느냐?

일어나라. 계속 뛰어넘어라. 나는 너의 인도자요 네가 도달해야 할 목표인 하나님이라.

"운동장에서 달음질하는 자들이 다 달아날지라도 오직 상 얻는 자는 하나인 줄을 너희가 알지 못하느냐 너희도 얻도록 이와 같이 달음질하라"(고전 9:24).

JUNE 6.10

하나님의 은행에 예금하는 방법
The Day of Trouble

"감사로 하나님께 제사를 드리며 지극히 높으신 자에게 네 서원을 갚으며 환난 날에 나를 부르라 내가 너를 건지리니 네가 나를 영화롭게 하리로다"(시 50:14,15).

찬양하는 것, 감사하는 것, 내게 한 약속(서원)을 신실하게 지키는 것은 내 은행에 돈을 예금하는 것이니 네 곤궁의 날에 마음 놓고 꺼내 쓸 수 있으리라. 이를 기억하라.

네가 만일 네 자신이나 친구에게 후히 베풀기 위해 엄청난 거액을 은행에서 인출한다면 사람들은 깜짝 놀랄 것이라. 그렇지만 그들은 네가 온갖 궂은일을 성실히 수행하여 번 돈을 꾸준히 은행에 예금했다는 것은 알지 못하리라.

내 나라에서도 그러하니라. 네가 갑자기 요구하더라도 내 창고에서 풍성히 찾아가는 것을 온 세상이 똑똑히 목격할 때, 세상은 네가 신비로운 능력을 소유했다고 생각하리라. 네가 찬양과 감사와 나와의 약속을 수행하는 신실함으로 내 은행에 꾸준히 저축했다는 것을 알지 못하리라.

자녀들아! 감사로 하나님께 제사를 드리며 지극히 높으신 자에게 네 서원을 갚으며 환난 날에 나를 부르라. 그리하면 내가 너를 건지리라.

이는 아무것도 일어나지 않는 것처럼 보이는 어두운 날을 위한 약속이니, 이 약속을 믿고 힘을 얻어라. 나를 위해 대단한 일을 하지 못한다고 느낄 때조차도 네 작은 행위와 신실한 말을 내 창고에 비축할 수 있으니 그것으로 네 곤궁의 날을 준비할 수 있으리라.

JUNE 6.11

예수 그리스도의 표
My Mark!

불안한 세상에서 고통과 어려움에 포위되어 살고 있는 인간들에게 오직 나만이 줄 수 있는 선물은 평화이니라. 그 평화를 아는 것은 내 나라의 도장을 받는 것이며, 주 예수 그리스도의 표, 곧 나의 표를 받는 것이라.

그 평화를 배울 때 진정한 가치, 곧 내 나라의 가치와 세상이 내놓는 모든 가치를 판단하는 자리에 서리라. 평화는 내 안에서 쉬는 사랑의 믿음이니라.

JUNE 6.12

순종의 집
House on a Rock

내 음성을 듣고 즉각 순종하라. 순종은 네 믿음을 입증하는 가장 확실한 표이니라. 내가 땅에 있을 때, 나를 따르며 내 말을 들었으나 순종하지 않던 자들을 책망한 것을 기억하라. 그때 듣고도 행치 않는 자들을 모래 위에 집을 세운 자에 비유했으니 거친 물살이 들이치면 집이 곧 무너져 피해가 크리라. 또한 듣고 순종하는 자들을 반석 위에 집을 세운 자에 비유했으니 거친 물살이 들이쳐도 견고할 것이며 요동치 않으리라.

그러나 '순종'이 단지 내 명령을 지키거나 혹은 산상수훈을 따라 사는 것만 의미한다고 생각하지 말라. 나와 친밀하게 사귀는 자들에게는 그 말이 더 많은 것을 의미하니, 곧 범사에 나의 내적 안내를 따르는 것, 내가 그들의 영혼에 이르는 작은 지침과 내 소망과 소원을 수행하는 것이라.

안전하고 견고하고 요동하지 않는 내 제자들의 삶, 곧 반석 위에 세운 집은 하루아침에 건축되는 것이 아니니 순종을 통해 내가 원하는 것들을 날마다 수행함으로써, 사랑으로 내 뜻을 실천함으로써 돌 위에 돌을 쌓아 기초를 다지고 벽을 세우고 지붕을 얹어야 하리라.

반석 위에 세운 그 집, 인간이 지었지만 하나님의 영감으로 건축된 순종의 집, 제자들의 가장 진실한 경배와 예배가 표현된 바로 그 집에 내가 함께 거하느니라.

어두운 날에도 나를 위해 일할 수 있다는 소망을 주기 위해 이 말을 하는 것이니 명심하라. 네 일상에서 평범하고 작은 의무의 벽돌을 신실히 쌓아가며 내가 원하는 것들을 수행하라. 그리하면 이 모든 것이 네게 힘을 주며, 내 종 바울이 나를 따르는 제자들에게 촉구했던(고전 15:58) 대로, 네 성품을 '견고하며 흔들리지 않는' 참 제자의 성품으로 만들어주리라.

JUNE 6.13

나에게 집중하라
God-Inspired

너는 지금 높은 산을 오르기 시작했느니라. 가파른 길이 위로 펼쳐져 있지만 네가 놀라운 능력으로 다른 사람들을 도울 것이라. 네가 측은히 여겨 사랑을 베푸는 모든 자들이 네 도움을 받아 위로 올라가리라.

너의 모든 생각을 내게 집중할 때, 하나님께서 영감을 주시리라. 그것을 따라 행하라. 그리하면 계속 인도를 받으리라. 그것은 너 자신의 충동이 아니라 내 영의 역사이니 순종하라. 네 모든 기도가 응답을 받으리라.

사랑하라. 신뢰하라. 나쁜 생각을 마음에 두지 말라. 나는 아무것도 거리낌이 없을 때 내 영의 모든 능력으로 역사하느니라.

JUNE 6.14

먼저 바꿔야 할 것
Face Today with Me

먼저 바꿔야 할 것은 환경이 아니라 너 자신이니라. 그러면 환경도 자연스레 변화되리라. 너는 내가 원하는 사람이 되기 위해 모든 노력을 경주하라. 오직 나만이 네 인도자니 나를 따르라.

  괴로움에 대한 모든 생각을 제하라. 뒤돌아보지 말고 하루하루를 대면하라. 하루의 문제를 나와 함께 마주하라. 내 도움과 인도를 구하라.

  절대 뒤돌아보지 말라. 나의 인도를 받아 오늘 처리할 수 있는 일을 내일로 미루지 말라.

JUNE 6.15

얻은 것만 세리라
Glory, Glory Dawneth

너를 위해 계획을 세웠나니 내 길은 놀랍고 오묘하니라. 나의 후함과 선함, 나의 인도를 받는 경이로움, 나의 안내를 받는 삶의 아름다움을 더욱더 깨달아라. 깨달아 의식할수록 그로 인한 기쁨이 더 크리라.

너는 지금, 원하는 것을 구하기만 하면 즉시 이루어지는 지점에 아주 가까이 이르렀느니라. 너는 지금 놀라운 시기에 접어들었으니 네 삶이 내 계획대로 움직일 것이며 전에 없는 축복을 받으리라.

너는 지금 이기고 있노라. 네가 지금 나와 함께 이기고 있으니 잃은 것 없이 얻은 것만 세리라. 내가 이기는 자에게 준 모든 놀라운 약속들은 언제나 이루어지리라.

JUNE 6.16

어려움이 달려들기 전에 나를 찾아라
Seek Me Early

나를 신뢰하여 내 길로 걸어라. 어떤 불의도 너를 건드리지 못하리라. 네가 내 것인 것처럼 나는 네 것이라. 이 진리 안에서 안식하라.

쉬는 것은 모든 발버둥질을 멈추는 것이니라. 마음을 평온하게 하라. 정말 평온한지 확인하라. 삶이 무겁거나 힘에 부치거나 외로울 때만 내 안에서 쉬지 말고 온전한 깨달음이 필요할 때, 따스한 사랑의 교제가 필요할 때에도 내 안에서 쉬어라.

가엾은 세상 사람들이 지독한 어려움에 빠졌을 때만 내게 피난하는구나! 세상일에 쏟는 열정으로 나를 찾았으면 애당초 어려움을 당하지도 않았을 것이라. 환경과 삶과 성품이 정결하게 변화되면 어려움이 더 이상 달려들지 않으리라.

너는 어려움이 달려들기 전에 나를 찾아라. 그것이 나를 만나는 방법이니 네 마음이 인생의 문제와 어려움과 쾌락으로 가득 차 내가 들어갈 길을 찾지 못하기 전에 나를 먼저 찾아라.

JUNE 6.17

귀한 그 이름
Dear Name

"예수님!"

내 이름을 종종 불러라. 베드로가 앉은뱅이에게 내 이름으로 걸으라고 명하지 않았더냐?

"나사렛 예수 그리스도의 이름으로 걸으라!"(행 3:6).

사랑을 담아 내 이름을 불러라. 그 이름만 들어도 모든 악이 물러가리라. 사탄의 모든 군대가 그 이름 앞에서 달아나리라.

유혹에 빠졌을 때 즉시 내 이름을 불러라. 생명선을 던지리라. 외로움과 의기소침함을 몰아내달라고 내 이름을 불러라.

연약함을 이길 힘을 달라고 내 이름을 불러라. 네가 내 이름을 부를 때, 너를 높은 곳에 앉히리라.

"예수님!"

내 이름을 종종 불러라. 사랑으로, 부드럽게, 능력을 확신하며, 기도하는 마음으로 불러라!

JUNE 6.18

세상과 떨어져서 기도하는 삶
Wait

많은 사람들은 분주히 활동하는 것을 나를 위해 봉사하는 것으로 알고 있느니라. 그러나 오직 나와 친밀하게 교제하는 자녀들은 세상과 떨어져서 기도하는 삶이 분주한 행위와 봉사보다 훨씬 더 많은 것을 이룬다는 것을 아느니라.

세상에서 비켜나 내 옆으로 오라. 겸손과 섬김과 예배와 희생과 성결의 삶으로 발을 들여놓아라.

나와 함께 살면서 내가 직접 명하는 것만 행하면, 내 영이 더욱더 역사하여 실로 엄청난 일들을 이루리라.

JUNE 6.19

한 걸음씩 걸어라
The Success You Covet

순종의 길을 따라 걸어라. 그 길은 하나님의 보좌로 향하느니라. 내 나라의 일을 확장하기 위해 물질적인 영역에서 성공하기를 구하든지, 내가 계시하는 영적 경이로움을 발견하기를 구하든지 이 길 끝에 이르면 반드시 얻으리라.

내 약속과 명령을 따라 한 걸음씩 걸어라. 그러면 네가 바라던 성공에 도달하리라.

지금은 네가 하는 모든 일이 물질적인 영역에 있기 때문에 영적인 것들이 물질적인 것들을 돕고 있지만, 네 물질적인 목표가 이뤄지면 그때는 오직 영적인 것들을 얻기 위해 물질적인 것들을 사용해야 하리라.

JUNE 6.20

네 믿음에 응하리라
Miracles Again

내 뜻을 알릴 때까지 기다리고 순종하라. 어떤 대가를 치르더라도 순종하라. 두려워하지 말라. 나는 너를 둘러싸고 있는 보호의 성벽이니 믿음의 눈으로 이 진리를 바라보아라. 그 진리가 생생한 현실이 되리라.

내가 땅에 있을 때 이적을 일으켰던 것처럼 지금도 이적을 일으키기를 갈망하고 있음을 기억하라. 그렇지만 그때나 지금이나 조건은 동일하니 나는 불신앙 앞에서는 강력하게 역사하지 않느니라.

나는 오로지 네 믿음에 응하여 이적을 일으키느니라.

JUNE 6.21

나보다 못한 것에 만족하지 말라
See As I See

너를 축복하노라! 폭풍이 몰아쳐도 막아주며 건질 것이니 기뻐하라. 내가 이미 놀라운 일들을 펼치기 시작했으니 내 앞으로 오라. 내 임재 안에 얼마간 머물러라. 힘과 도움을 얻으리라.

나를 배워라. 마음을 고요하게 하여 분별력을 얻는 유일한 길은, 나 곧 예수 그리스도 안에 있는 마음을 갖는 것이라. 독서나 공부로는 그런 마음을 결코 얻을 수 없으나 나와 함께 살면서 내 생명을 나눌 때는 얻을 수 있느니라.

나를 많이 생각하라. 나에 대해 많이 말하라. 내가 세상의 다른 것들을 무익하게 여기는 것처럼 너도 그것들을 무익하게 여겨라. 나보다 못한 것에 만족하지 말라.

JUNE 6.22

두려움 없이 나아가라
Your Red Sea

두려워하지 말고 앞으로 나아가라. 네 앞에 있는 홍해를 생각하지 말라.

그곳에 이르렀을 때 물이 갈라지리라. 네 앞에 자유와 약속의 땅으로 향하는 길이 활짝 열릴 것을 확신하라.

JUNE 6.23

내게 매달려라!
Cling to Me

내게 매달려라! 나에게서 비롯되는 생명이 네 안으로 들어가 꺼져가는 네 영혼을 소생시킬 때까지 매달려라!

재충전하라. 피곤함을 느끼거든 내가 땅에서 한 것처럼 우물가에 앉아 쉬어라. 쉬면서 능력과 힘을 얻어라. 내가 사마리아에 있는 우물곁에 앉았을 때처럼 너를 찾아가리라 (요 4:6-26).

모든 염려가 말끔히 물러갈 때까지 쉬어라. 그 다음에 사랑과 기쁨의 조류가 네 안으로 흐르게 하라.

JUNE 6.24

믿음의 태도
When Guidance Tarries

내 음성을 듣지 못하거나 분명한 인도를 받지 못하더라도 내가 일러준 믿음의 길을 따라 조용히 나아가라. 아무것도 염려하지 말고, 허둥대지 말고 조용히 제자의 길을 걸어라.

이런 믿음의 태도를 보일 때, 나의 직접적인 인도를 따라 행할 때와 마찬가지로 보상을 받으리라. 안위가 네 것이니 그 안에서 기뻐하라.

JUNE 6.25

이것이 내 사랑이라
God's Friendship

나는 네 친구, 황량한 네 삶의 동반자, 네 길의 우울함과 음침함을 변화시킬 길동무이니라. 세상의 우정도 한 친구가 다른 친구의 평범하고 지루하고 가파른 인생길을 변화시키면 그 길이 하늘에 이르는 길로 보일 수 있는데, 하물며 내가 네 인생길을 변화시킨다면 어떠하겠느냐?

고요한 안식으로 네 심령과 마음을 감싸라. 바쁘게 길을 가다 안식이 필요할 때 길가에서 쉬듯이 인생의 염려와 근심에서 벗어나 내 안에서 쉬어라.

나와의 우정이 주는 기이함을 진정 깨닫느냐? 원할 때마다 하나님을 부를 수 있는 것이 네게 무엇을 의미하는지 알고 있느냐? 세상의 고관대작이라도 왕을 만나려면 곁방에서 기다려야 하며 그 대기 시간은 왕이 임의로 결정하느니라. 그러나 나는 자녀들에게 원할 때면 언제나 나를 만날 수 있는 권리, 아니 그들 바로 옆이나 일터로 나를 불러낼 수 있는 권리를 주었노라.

이것이 바로 너를 향한 나의 사랑이라. 네 친구들 중에 네가 부르자마자 즉시 네 옆에 올 수 있는 이가 있더냐? 네 주님이며 구주이며 친구인 나는 그럴 수 있노라.

네가 나를 예배할 때, 너는 내가 통치하는 세상, 창조, 자연의 법칙과 질서를 묵상하며 경외심을 느끼고 있구나. 그렇게 하는 것이 마땅하도다. 기이함과 놀라움으로 나를 예배하는 것이 마땅하도다. 그러나 다정하고 겸손한 나의 우정도 생각하라. 일상의 작은 일에서 나를 생각하라.

JUNE 6.26

사소한 일도 성급하게 처리하지 말라
Do Not Rush

일상의 사소한 일에서도 나의 인도를 받고 행동하는 법을 배워라.

많은 내 자녀들이 엉거주춤하며 살고 있구나. 그것은 인생의 중대한 결정이나 큰 문제 앞에서는 나의 도움을 구하지만, 작은 일들은 혼자 성급하게 해치우기 때문이니라.

네가 일상에서 행하는 작은 일을 보고 주변 사람들이 너에게 호감을 갖기도 하고 반감을 갖기도 하는 것이라.

JUNE 6.27

자책하지 말라
No Self-Reproach

"영원하신 팔이 네 아래 있도다"(신 33:27).

이는 세상의 삶에서 높이 솟아올라 하나님나라를 향해 날고자 갈망하는 모든 자녀들을 위한 약속이라.

실패의 짐을 지지 말라. 믿음으로 나아가면 구름이 걷히고 길이 보이리라. 발걸음을 내디딜수록 길이 평탄해지리라. 상을 받기 위해 달려라(고전 9:24). 강직한 마음으로 평범한 임무들을 수행하라. 그리하면 성공이 네 노력의 끝을 장식하리라.

나는 땅에서 인간을 치유할 때 질책하는 말을 결코 하지 않았노라. 죄로 인해 육신이 망가진 중풍병자의 죄를 용서하여 건강하고 자유롭게 치유하였지(마 9:2) 호되게 책망하지 않았느니라. 우물가에서 만난 여인에게도 "네가 남편 다섯이 있었으나 지금 있는 자는 네 남편이 아니니 네 말이 참되도다"(요 4:18)라고 말했지 혹독한 자책의 짐을 지우지 않았으며, 간음하다 잡힌 여인에게도 "나도 너를 정죄하지 아니하노니 가서 다시는 죄를 범치 말라"(요 8:11)라고 말했지 죄를 자책하는 짐을 지라고 말하지 않았노라.

믿음, 소망, 사랑 이 세 가지는 언제까지나 남아 있으리라. 믿음은 나를 향한 너의 태도이며 사랑은 인간을 향한 너의 태도이니라. 소망은 나를 의지하면 모든 것이 잘되리라 확신하는 것이라.

JUNE 6.28

훈련의 상급
Table of Delights

내게 와서 훈련과 가르침을 받는 이 시간이 결코 헛되이 끝나지 않으리라. 억제와 억압에 짓눌렸던 네 어두웠던 시간이 영광스러운 찬양의 시간으로 바뀌리라. 네 삶이 기쁨과 즐거움으로 넘쳐날 것이라. 내가 너를 위해 기쁨의 상을 준비했느니라. 모든 좋은 것을 너에게 주기 위해 잔치를 준비했노라.

너의 잔이 넘쳐 마음 깊은 곳에서 이렇게 외치리라.

"나의 평생에 선하심과 인자하심이 정녕 나를 따르리니 내가 여호와의 집에 영원히 거하리로다"(시 23:6).

훈련을 기쁘게 받아들여라. 네가 영적으로 성장하는 것을 기뻐하라.

JUNE 6.29

모든 것을 내게 맡겨라
My Will-Your Joy

내 사랑과 돌봄이 너를 결코 놓지 않으리라. 이를 기억하라. 어떤 불의도 너를 해치 못하리라. 네 환경을 축복하여 사용하리라. 그러나 이 길로 들어서기 위해 네가 수행해야 할 것이 있노라.

첫 번째 단계는, 내가 지금 하는 일과 앞으로 하려는 모든 일이 너를 위해 가장 좋은 것이 되리라는 확신으로 네 뜻을 내 앞에 내려놓는 것이라.

두 번째 단계는, 내가 전능한 하나님임을 믿으며 내게는 어떠한 이적(異蹟)도 능치 못함이 없다고 고백하는 것이니라.

모든 것을 내게 맡겨라. 네 모든 문제를 주인의 손에 맡기는 것을 즐거워하라. 안전과 보호를 확신하라. 너는 미래를 볼 수 없고 본다 해도 감당할 수 없으니 내가 조금씩 밝혀주리라. 내 뜻에 순응하라. 기쁨이 넘치리라.

JUNE 6.30

사랑과 기쁨을 전하라
Understand Them

어디를 가든지 기뻐하라. 내가 이미 너를 많이 축복했으며 지금도 축복하고 있느니라. 말로 다할 수 없는 축복이 너를 기다리고 있느니라.

받은 모든 복을 다른 사람들에게 전하라. 하나님의 전류를 타고 전해지는 사랑은 온 세상을 두루 다닐 수 있으니, 주변 사람들의 마음에 작은 빛을 비춰라. 그러면 그 사람이 힘을 얻어 다시 그 빛을 전할 것이요, 기쁨을 주는 나의 생명의 메시지도 그렇게 전해지리라.

내 사랑과 기쁨을 전하는 자가 되어라. 모든 이들을 사랑하라. 모든 이들의 힘을 북돋아라. 언제나 다른 사람들을 이해하려 노력하면 사랑할 수 있으리라. 권태에 빠져 무기력해진 사람, 죄악에 빠진 사람, 비판하는 사람, 가련한 사람, 어린아이의 웃음, 노인의 자애로움, 청년의 용기, 남자와 여자의 인내 안에서 나를 보아라.

JULY

내가 네 길을 인도하리라

JULY 7.1

두려움은 사탄의 미혹이라
Attack Fear

인생의 폭풍 한가운데에서도 나를 신뢰하여 평온해지는 법을 배워라. 이것이 네가 매일 배워야 할 가장 귀한 교훈이라. 아무리 지독한 슬픔이나 혹독한 어려움이 닥쳐올지라도 너를 향한 나의 명령은 언제나 동일하니, 사랑하고 웃어라!

진정으로 내 뜻에 순응하는 자녀들은 비탄한 마음으로 체념하지 않으며 사랑하고 웃을 것이라. 누구를 만나든지 기쁨과 용기를 주어라. 그들에게서 슬픔과 죄를 보더라도 사랑하고 웃어라!

두려워하지 말라. 내가 광야에서 사탄을 어떻게 상대했는지, 하나님의 말씀으로 어떻게 정복했는지 기억하라. 사탄이 네 앞에 두려움을 내놓을 때마다 나를 믿는 믿음과 확신으로 속히 대응할 수 있으리라.

"성령의 검 곧 하나님의 말씀을 가지라" (엡 6:17).

언제 어디서나 하나님의 말씀을 크게 외쳐라. 하나님의 말쏨은 능력이 있노라. 두려움을 네 질병이나 근심으로 인한 쇠약함의 결과로 여기지 말고, 너를 공격해 넘어뜨리려는 사탄의 미혹으로 여겨라.

JULY 7.2

어린아이처럼
The Child-Spirit

네가 가는 길에 돌이 많은 것처럼 보이느냐? 그러나 돌멩이 하나라도 네 발걸음을 훼방하지 않으리라. 용기를 내고 즐겁게 미래를 대면하라. 미래를 보려 애쓰지 말고 내 길을 따라 믿음으로 한 걸음씩 나아가는 달콤함을 맛보라.

내 길로 걸으면 모든 것이 잘되리라 확신하라. 미래를 보지 않고 내 길을 믿으면 거센 폭풍이 이는 바다에서도 너를 안전한 항구로 이끌어주리라.

병 고침을 받으러 왔던 이들에게 "너희 믿음대로 돼라!"(마 9:29)라고 내가 명하지 않았더냐? 이처럼 이적과 치유와 구원을 위해 믿음이 꼭 필요하다고 가르치면서 다른 한편으로는 내 나라에 들어가기를 구하는 모든 자들에게 어린아이처럼 되어야 한다고 촉구한 까닭이 무엇이겠느냐? 어린아이의 태도가 믿음의 태도이기 때문이라.

어린아이처럼 되기 위해 모든 노력을 경주하라. 노력하고 또 노력하라. 나이를 먹을수록 어린아이처럼 믿는 본성을 갖기 위해 노력하라. 어린아이를 본받아야 하는 까닭은 순전한 신뢰를 배워야 하기 때문만이 아니라 기쁨의 삶, 잘 웃는 것, 비판하지 않는 태도, 모든 것을 다른 이들과 나누고자 하는 마음을 배워야 하기 때문이라. 어린아이처럼 되게 해달라고 기도하라. 누구를 비판하거나 아무것도 염려하지 않고, 모든 사람을 친절과 사랑으로 대하게 해달라고 기도하라.

"너희가 돌이켜 어린아이들과 같이 되지 아니하면 결단코 천국에 들어가지 못하리라"(마 18:3).

JULY 7.3

하늘 양식을 먼저 구하라
Spiritual Fullness

의에 주리고 목마른 자는 복이 있나니 저희가 배부를 것이며(마 5:6), 만족을 얻으리라. 오직 영적인 것들로 가득 찰 때, 네 상심함과 쇠약함과 피곤함이 만족을 얻고 고침을 받고 쉬리라. 그리하면 너는 "주여 영생의 말씀이 계시매 우리가 뉘게로 가오리이까"(요 6:68) 하고 외칠 것이며, "주께서 내 원수의 목전에서 내게 상을 베푸시고"(시 23:5)라고 노래할 것이라. 생명의 떡, 하늘로부터 오는 양식을 먼저 구하라.

내가 광야에서 5천 명을 먹인 일(마 14:13-21)과 4천 명을 먹인 일(마 15:32-38)이, 내가 장차 내 백성들의 양식이 되리라는 생생한 예증인데도 이를 깨닫는 이들이 없구나!

나와 동행하는 자녀들이 지금도 받고 있는 놀라운 계시를 생각해보라. 이 땅에서의 나의 삶, 곧 내가 이 땅에서 말한 것과 행한 많은 부분이 아직 온전히 밝혀지지 않았으니 이런 것들은 순전한 마음과 사랑하는 심령으로 나와 동행하는 자녀들에게만 계시하리라. 나는 이것들을 지혜롭고 슬기 있는 자들에게는 숨기고 어린아이들에게는 나타내느니라(마 11:25).

세상 죄와 슬픔을 지려고 애쓰지 말라. 그러고도 살아남을 수 있는 이는 그리스도, 나밖에 없느니라. 주변에서 사랑이 많은 사람들, 진실한 사람들, 친절한 사람들, 용기 있는 사람들을 찾아보라.

JULY 7.4

그 친구가 바로 나이니라
Friend of Mine

인간이 '회개'라 칭하는 것은 오직 가장 큰 친구를 발견하는 것이고, '신앙'이라 칭하는 것은 가장 큰 친구를 아는 것이며, '성결'이라 칭하는 것은 가장 큰 친구를 닮는 것이라.

내가 명했듯 하늘에 계신 내 아버지께서 온전하신 것처럼 온전해지는 것(마 5:48)이 가장 큰 친구를 닮는 것이며 다른 이들에게도 가장 큰 친구가 되는 것이라.

나는 네 구세주이며 친구라. 이 말뜻을 다시 생각해보라. 나는 기꺼이 손을 뻗어 친구인 너를 도우며, 온갖 위험을 물리치느니라. 친구의 곤한 마음을 달래기 위해 부드러운 음성으로 속삭이며, 불안해하고 두려워하는 친구에게 평화를 주노라.

땅의 친구가 네게 어떤 의미인지 조용히 생각해보라. 그리고 피곤함을 모르며 자기를 생각하지 않고 모든 것을 정복하고 이적을 일으키는 온전한 친구가 네게 어떤 의미인지 묵상해보라. 그 친구, 네 상상을 넘어서는 큰 친구가 바로 나이니라.

JULY 7.5

구원의 선장을 신뢰하라
You Are Invincible

너를 돕고 축복하고 다스리며 언제나 함께하느니라. 너를 향한 내 뜻을 거스를 자는 세상에 없으리라. 나를 신뢰하고 네 모든 일을 내 손에 맡기기만 하면 세상이 너를 감당치 못하리라.

배에 탄 승객들은 거센 바람과 풍랑이 몰아칠 때마다 파도가 배를 집어삼키거나 항로에서 이탈시킬 것을 염려하느니라. 그러나 선장은 거센 바람과 거친 파도 속에서도 안전한 항구로 곧장 가는 항로를 아나니 네 구원의 선장, 나를 신뢰하라.

JULY 7.6

내가 찾은 마음

Riches

어떤 일을 할 만한 능력이 너에게 없다거나 할 수 없으리라 생각하지 말라. 대신 "주께서 아직 이 일에 필요한 것들을 공급하지 않으셨지만 이 일이 주께 합당한 일이라면 반드시 공급하시리라"라고 말하라.

그렇게 말하며 인내하라. 그리하면 풍족하게 공급 받으며 풍성하다는 느낌이 네 주변을 점차 감싸리라. 그 느낌은 나의 공급을 요구하는 네 믿음이니 네 믿음대로 될 것이라.

나는 기도와 찬양의 순간에 표현되는 믿음이 아니라 하루의 의심이 고개를 들자마자 그것을 바로 가라앉히는 믿음, 내 능력을 제한하는 생각들을 이기는 믿음을 찾노라.

"구하라 그러면 너희에게 주실 것이요"(마 7:7).

JULY 7.7

혹독한 배려
Painful Preparation

도움과 평화와 기쁨이 여기 있노라. 네 수고에 보상하리라.

지금은 네가 고된 시기를 지나고 있으나 때가 이르면 그 이유를 알리라. 이 시기는 혹독한 시험이 아니라 마땅히 감당해야 할 평생의 사역을 위해 준비된 것임을 깨달으리라.

내가 실로 놀라운 방법으로 네 기도에 응답하고 있음을 깨달으라. 너는 그 방법이 오히려 고되다고 느끼겠지만 지금은 그것이 유일한 방법이라.

잠깐 있다 사라질 세상의 성공에 만족하지 말라. 세상과 영의 세계에서 전부 성공하리라!

JULY 7.8

오직 내 뜻대로
My Secret

"내가 너의 갈 길을 가르쳐 보이고 너를 주목하여 훈계하리로다"(시 32:8).

내가 너를 인도하고 있노라. 너를 주목하여 훈계함은 내가 정한 목적, 곧 내 뜻대로 인도한다는 뜻이요, 내 뜻대로 인도한다는 것은 네 모든 소원을 내 뜻, 내 소원과 하나 되게 만든다는 뜻이라.

나의 뜻을 너의 유일한 뜻으로 삼아라. 그리하면 나의 뜻이 너를 인도하여 네 길에 영광이 넘치리라.

JULY 7.9

의심하지 말라

Why Doubt?

내 안에서 기뻐하라. 기쁨은 전염성이 강하니라. 신뢰하며 기도하라. 단지 나를 하나님과 창조주로만 아는 사람이 나를 의심하고 내 사랑과 뜻에 의문을 제기하는 것은 커다란 죄가 아니라.

하지만 너처럼 나를 친구와 구세주로 알고 또 세상의 하나님을 아버지로 아는 사람이 내 뜻과 온유한 사랑과 구원의 능력을 의심하는 것은 진정 큰 죄이니라.

JULY 7.10
놀라운 능력을 기대하라
Expect Many Miracles

놀라운 능력으로 너를 지키고 있노라. 단 하나의 이적이 아니라 많은 이적을 기대하라.

나의 일을 행하고 온전히 나의 다스림을 받고 있다면 하루에 일어나는 모든 일이 이적이 되리라.

JULY 7.11

보이지 않는 곳에서도
Guardian Angels

너는 내 것이라. 내가 소유의 인(印)을 쳤나니, 나의 천군천사들이 너를 섬기고 보호하리라. 네가 왕의 자녀임을 기억하라.

유능한 내 사환 하나가 네 경호원이 되어, 네 번영에 필요한 모든 것을 수행하기 위해 보이지 않는 곳에서 대기하고 있음을 마음에 그려라. 이런 느낌으로 하루하루를 보내라.

JULY 7.12

완벽한 구세주
Saviour and Saviour

너를 구원한 것이 내 손이라는 것을 믿는다면, 그 손이 너를 확실히 구원하리라는 것과 마땅히 가야 할 길로 이끌고 있다는 것 또한 믿어야 하리라.

구조대원이 물에 빠진 사람을 더 깊은 물에 빠트리기 위해 구조하더냐? 안전한 곳으로 데려가 원기와 건강을 회복시켜 집으로 돌려보내기 위해 구해주는 것이 아니더냐?

물에 빠진 사람을 구해주는 구조자도 그럴진대 네 영혼을 죄에서 구한 구세주인 내가 너를 위해 실로 놀라운 일을 행하지 않겠느냐? 내 손이 이적을 행하지도 못하고 구원하지도 못할 만큼 짧더냐? 나는 아버지께서 맡겨주신 모든 일을 완벽하게 이루나니 나를 신뢰하라. 두려워하지 말라!

JULY 7.13

선한 것을 사모하라
Expect the Good

너는 바람직한 믿음의 태도를 가지고 있느냐?

다음 불행이 곧 불어 닥치리라 생각하지 말라. 대신 선한 것이 가득하리라고 기쁘게 신뢰하는 어린아이처럼 기다려라.

JULY 7.14

곧 목도하리라
True Success

하루의 삶과 모든 일에서 내 손을 보는 것을 기뻐하라. 이스라엘 백성들을 보호하여 홍해를 건너게 했듯 범사에 너를 보호하고 있노라.

이 사실을 의지하여 앞으로 나아가라. 이제 거의 다 왔으니 절대 의심하지 말라. 곧 목도하리라. 추호의 의심도 없이 알게 되리라.

너 자신을 불쌍히 여기지 말고 다만 기뻐하고 감사하라!

너의 지난 몇 주는 구조되기 직전의 상태와 같았으나 네가 안전하게 구조됨을 곧 의식하게 되리라. 나아가 승리하라. 아무것도 두려워하지 말고 나아가라.

JULY 7.15

네 사다리를 이미 튼튼히 했기에

Songs on the Way

내 길을 걸었던 많은 제자들은 때로 어두운 곳에서 친구도 없이 혼자 머물러야 했지만 찬양하며 계속 분투했느니라. 너 또한 그래야 하리라.

내가 네 발을 위태위태한 사다리 위에 올려놓겠느냐? 어쩌면 사다리의 지지대가 지존자의 은밀한 곳에 숨겨져 네 눈에 보이지 않을 수도 있느니라. 하지만 내가 이미 네 사다리를 튼튼하게 해놓았기 때문에 발을 내딛어 힘차게 오르라고 요구하는 것이 아니겠느냐?

나와 함께하면 모든 것이 가능하다는 것을 깨달아라. 기쁜 마음으로 이 진리를 붙잡아라. 그러면 견고한 사다리가 될 것이요 그것을 믿고 가장 높은 곳으로 올라갈 수 있으리라.

JULY 7.16

나의 피난처
Refuge

나의 능력을 의지하며 신뢰하라. 내 사랑 안에 거하라. 웃음지어라. 웃음은 하나님의 선하심을 의심하지 않는다는 굳건한 믿음의 표징이니라.

내 은밀한 곳에 안전하게 거하기를 갈망하라. 그곳에 거하면 그 무엇도 너를 건드리거나 해하지 못하리라. 난공불락의 견고한 성채에 있는 것처럼 느껴라! 그리하면 아무도 너를 이기지 못하리라.

JULY 7.17

그때가 이르면
Peace Be Still

기뻐하라! 기뻐하라! 네게 가르칠 것이 많으니라. 내가 많은 진리를 너에게 보여주지 않더라도 너를 떠난 것이라 생각하지 말라.

너는 지금 폭풍을 지나고 있느니라. 그러나 내가 함께하며 "잠잠하라 고요하라!"라고 명하리니 그것만으로 바람과 파도가 잔잔해지리라.

내가 열두 제자에게 내 나라의 진리를 가르친 것은 폭풍이 불어 닥칠 때가 아니라 조용한 산골짝에 이르렀을 때였느니라.

너도 그곳에 이를 때가 오리니, 그때가 이르면 내 안에서 안식하며 배우게 되리라.

JULY 7.18

겸손하게 걸어라
Walk Humbly

다른 사람들의 말을 염려하는 자는 나에 대한 신뢰가 부족한 자이니라. 그런 사람이 되지 말라. 네 모든 어려움을 기회로 삼아 성품을 정결하게 하라.

네가 원하는 대로 너 자신을 보지 말고 주변 사람들이 보는 것처럼 보아라. 그리고 겸손한 자세로 하나님과 동행하라. 네가 내 이름을 알았으므로 높일 것이나 정결해진 뒤에야 그리하리라.

JULY 7.19
기이한 영적 능력
Marvellous Happenings

내가 네 옆에 있노라. 범사에 나의 인도를 따르라. 상상을 초월하는 기이한 일들이 펼쳐지리라. 나는 네 친구이자 인도자니 그 사실을 생각하며 기뻐하라.

나에게 이적은 당연한 사건에 지나지 않는다는 것을 기억하라. 내가 택한 제자들에게도 그럴 것이라. 그러나 감각을 통해서만 일하고 이해하는 세상 사람들은 자연의 법칙에 반하는 것으로 여길 뿐이라. 자연 상태의 인간이 하나님과 원수라는 것 또한 기억하라.

내 인도를 받고 또 내가 주는 힘으로 강해지면 실로 기이한 일들이 네 일상에 가득하리니 이를 이상하게 여기지 말라. 이를 온전히 깨달아라. 온전히 깨닫게 해달라고 기도하라. 내 자녀들, 곧 하나님나라 자녀들은 세상의 것과는 다른 소망과 열심과 동기와 상급을 기대하는 구별된 백성이라.

지금 나의 많은 자녀들이 실로 기이한 일들을 일으키고 있으나 그 일들이 일상적으로 쉽게 일어난다고 생각하지는 말라. 그 일들이 결코 쉽게 일어나지는 않노라.

　자아를 정복하고 말겠다는 불굴의 결단, 내 뜻대로 행하며 내 가르침대로 살겠다는 단호한 결의, 자신과의 싸움으로 인한 곤함과 심중의 고통, 자신에 대한 승리로 점철된 흔들리지 않는 노고의 결과라. 불안과 염려와 사람들의 조롱을 인내로 견뎌라. 그리하면 기이하게 역사하는 영적인 능력을 얻으리라.

JULY 7.20

나의 기준을 따르라
My Standard

내 명령을 준행하고 결과는 나에게 맡겨라. 어린아이가 정답 얻을 것을 확신하고 묵묵히 공식을 따라 셈을 하듯이 신실하게 순종하는 마음으로 내 명령을 준행하고 결과는 내게 맡겨라.

네게 주는 이 명령들은 너와 네 상황과 환경에 맞추어 내가 이미 영의 세계에서 준비한 것들이니라. 그러니 내 규칙을 신실하게 따르라. 세상에서 가장 지혜로운 자의 안내를 따른다 해도 화를 당할 수 있으나 하나님의 온전한 안내를 따르면 결코 화를 당하지 않으리니, 내 규칙을 신실하게 따르는 것이 바로 하나님의 온전한 안내를 따르는 길이니라.

네 삶이나 성품이나 능력이나 환경이나 유혹에 대한 네 지식은 부족할 수밖에 없지만 나는 너와 네 상황에 필요한 것들을 온전히 알고 있느니라. 내 안내를 따른다는 것은 모든 것을 알고 있는 나의 명령을 수행한다는 것을 의미하느니라. 이처럼 나의 모든 자녀들은 나의 다스림을 받고 내 능력으로 힘을 얻

으며 나와 함께 걸어야 하느니라.

 순전함을 사랑하라고 가르치지 않았느냐? 세상이 뭐라 말하든 세상의 목표와 계획은 너를 위한 것이 아니니 자녀들아, 내게 배워라! 순전함이 참된 안식과 능력을 주리라. 세상에서는 어리석은 것이나 너에게는 하나님께 속한 것들을 잠시 맛보는 것이 되리라. 세상의 기준을 따르지 말라. 오직 내 기준만이 너를 위한 것이니라.

JULY 7.21

산을 옮기는 방법
The Way of Praise

오늘은 산을 옮기는 방법을 가르치리라. 산을 옮기는 방법은 찬양이라. 괴로움이 밀어닥칠 때 감사할 제목들을 생각하라.

찬양하라! 찬양하라! 찬양하라! 언제나 "주여, 감사합니다!"라고 말하라.

감사로 찬양하는 마음, 그것이 바로 산을 옮기는 길이라.

JULY 7.22

내게 쓰임 받으라
Miracle of the Ages

"나를 믿는 자는 나의 하는 일을 저도 할 것이요 또한 이보다 큰 것도 하리니"(요 14:12).

내 안에 거하라. 소경이 보며 앉은뱅이가 걸으며 문둥병 환자가 고침을 받고 가난한 자들이 복음을 듣겠으나(마 11:5) 네가 '이보다 큰 것'도 하리라.

세상이 깜짝 놀랄 일, 모든 시대를 통틀어 가장 놀라운 이적을 네가 행하게 되리라. 믿는 자들에게 하나님의 권능이 나타나며 그 능력이 성령의 감동을 받은 인간을 통해 세상을 두루 축복할 것이라. 질병과 가난과 의심과 의기소침과 한계의 무덤에서 일어나라.

"일어나라 빛을 발하라 이는 네 빛이 이르렀고 여호와의 영광이 네 위에 임하였음이니라"(사 60:1).

네가 무한한 능력으로 다른 사람들을 축복하는 미래가 펼쳐질 것이라. 축복의 통로가 되어라. 내게 쓰임 받으라.

JULY 7.23

평화를 얻기 위한 훈련
Stop All Work Until

이 세상은 마음에 평화가 있는 내 자녀들을 감당치 못하노라. 다른 사람들은 너의 평화를 빼앗거나 훼방할 힘이 없으나, 너는 세상 것과 근심과 두려움과 의기소침으로 내적 평화를 해칠 수 있노라.

평화를 부수고 파괴하는 도적에게 문을 열어줄 수 있으니 그 무엇도 너의 평화를 훼방하지 못하게 하라. 나와 함께하면서 얻은 내적 평안을 어지럽히지 않게 하라. 이를 네 임무로 여겨라. 내적 평안이 회복될 때까지 모든 일을 중단하고 다른 사람들과의 만남을 피하라. 어려움도 괴로움도 역경도 없는 사람들 때문에 마음과 영혼의 평화가 훼손되지 않게 하라.

모든 어려움을 평화를 얻기 위한 훈련으로 여겨라. 어떤 일이나 방해로 인해 아버지의 은밀한 처소에 나와 함께 거하는 참 평안이 깨지지 않게 유의하라.

JULY 7.24

내 곁에 가까이 머물러라

Keep Close

내 곁에 가까이 머물러라. 그리하면 길을 알게 되니 내가 곧 길이기 때문이라(요 14:6). 오직 내 길만이 땅의 모든 문제를 푸는 열쇠이니라. 내 곁에 가까이 머물러라. 아주 가까이 머물러라. 내 임재 안에서 생각하고 행동하며 살아라.

내가 너를 보호하고 있는데 감히 어떤 원수가 치겠느냐? 내 곁에 가까이 머무는 것이 모든 능력과 평화와 정결함과 영향력을 얻기 위한 비밀이니라.

내 안에 거하라. 내 임재 안에서 살아라. 내 사랑 안에서 기뻐하라. 범사에 감사하고 찬양하라. 곧 기이한 일들이 펼쳐지리라.

JULY 7.25

놀라운 삶
Wonderful Life

나는 네 과거와 현재와 미래를 주관하는 네 인생의 주인, 네 하나님이니라. 모든 계획을 나에게 맡겨라. 오직 내가 명하는 대로 행하라. 너는 이제 내가 인도하고 가르치는 삶을 살기 시작했노라. 그것이 무엇을 의미하는지 묵상하라.

그런 삶에 실로 기이한 일들이 많지 않겠느냐? 나와 함께하는 삶이 실로 경이롭다는 것을 깨닫고 있느냐? 어떤 불의도 너를 공격할 수 없음을 알고 있느냐?

JULY 7.26

나를 대하듯
Forget-Forgive

네 삶을 사랑과 웃음으로 가득 채워라. 과거의 쓰라린 고통에 마음을 쏟지 말라.

    잊어라. 용서하라. 사랑하고 웃어라. 모든 사람을 대할 때 나를 대하는 것처럼 사랑과 배려로 하라.

    다른 사람들이 너를 아무리 홀대한다고 해도 너는 모든 사람을 사랑과 배려로 대하라.

JULY 7.27

나의 위로
My Consolation

내가 너와 함께 걷고 있노라.

자녀들아! 너를 인도하고 위로하고 격려하기 위해서만이 아니라 내가 위안과 위로를 받기 위해 너와 함께하는 것이라.

사랑하는 자녀가 옆에 있을 때, 너는 그 어린 자녀를 기꺼이 보호하고 도울 뿐 아니라 그 아이의 순전함과 사랑과 신뢰 속에서 기쁨과 위로와 기운을 얻느니라. 마찬가지로 네가 내 마음에 위로와 기쁨을 가져다줄 수 있으니 이를 기억하라!

JULY 7.28

나의 교훈을 배워라
Mistakes

나는 네 방패니라. 세상의 어떤 풍파도 너를 해치지 못하리라. 세상의 모든 경멸과 모욕도 너를 욕되게 하지 못하리라. 세상 어떤 것도 너의 내적 평화를 깨뜨릴 수 없음을 굳게 믿어라. 곧 놀라운 승리를 거두리라.

자녀들아! 네가 어떤 일을 결정할 때 주님 뜻대로 행하기를 진심으로 구하는데도 때로 실수를 저지르고 그 이유를 의아해 하는구나. 그러나 그것은 실수가 아니니라. 네가 실수라고 생각하는 것은 내 교훈을 배우기 위해 필요한 것이라.

내 약속은 장애물이 없는 길을 지나는 자녀들을 위한 것이 아니라 장애물을 극복하는 자녀들을 위한 것이라. 마음의 평화는 물론 환경의 평화를 얻기 원한다면 내 교훈을 속히 배워라. 장애물을 극복한다는 말은 너를 괴롭히는 사람들을 압도하라는 뜻이 아니라 네 안에 있는 연약함과 그릇됨을 극복하라는 뜻이라. 내 기준보다 낮은 기준을 네 기준으로 삼지 말라.

JULY 7.29

내가 택한 길로 가라
Sunlit Glades

고난이 내 나라와 통하는 유일한 길이라 생각하지 말라. 어여쁜 꽃들이 만발한 숲의 오솔길을 따라 내게 올 수도 있느니라. 새와 나비와 웃음과 생명을 주는 봄날의 따스한 공기를 다정한 친구와 동반자로 삼아 하나님나라로 향하는 기쁨의 길을 걸을 수도 있노라. 그 길에 찬바람 쌩쌩 부는 황량함과 찔레나무 무성한 자갈만 있는 것은 결코 아니라.

내가 택한 길로 안내하리니 모든 것을 내게 맡겨라. 영적인 세계에서도 상반된 경험으로부터 바른 인식을 얻을 수 있노라. 모진 폭풍을 헤치며 삭막한 황야를 지나는 나그네에게 아늑한 고향집의 난롯가보다 간절한 것은 없으리라. 따스한 햇살이 비치면 한껏 즐거워하며 경쾌하게 걸어라.

그리고 이 말씀을 마음에 새겨 힘을 얻어라.

"사람이 감당할 시험 밖에는 너희에게 당한 것이 없나니 오직 하나님은 미쁘사 너희가 감당치 못할 시험 당함을 허락지 아니하시고 시험 당할 즈음에 또한 피할 길을 내사 너희로 능히 감당하게 하시느니라"(고전 10:13).

이 세상은 내 나라가 아니니 세상에서는 환난을 당할 것이나 담대하라 내가 세상을 이기었노라(요 16:33). 나 곧 승리의 그리스도와 함께 살아라. 그리하면 승리의 기쁨과 평화가 네 것이 되리라!

JULY 7.30

'믿음으로' 순종하여
Faith Rewarded

나의 옛 종들을 생각해보라. 아브라함은 자녀가 없었지만 자신의 씨를 통해 땅의 모든 족속들이 축복을 받으리라는 약속을 굳게 믿었느니라. 모세는 약속의 땅에 들어갈 수 있으리라 확신하여 이스라엘 자손들을 이끌고 광야를 지나갔노라.

그때 이후로 지금까지 수많은 종들이 내 약속의 결과들을 보았기 때문이 아니라 '믿음으로' 순종하였고, 그렇게 함으로써 상급을 받았느니라. 너도 그렇게 하라!

내 종 아브라함처럼 희생의 언덕에 오를 준비를 하라. 마지막 순간까지 기꺼이 신뢰하라. 내가 건지리라.

JULY 7.31

감사의 마음
Gratitude

염려와 두려움을 모르는 심령, 오직 감사하는 심령을 내게 바쳐라. 감사할 이유들을 끊임없이 찾아내는 능력을 가진 자녀들을 내가 반드시 높이겠노라!

인생이 고단하고 고통이 엄습하는 것처럼 느껴질 때, 그때가 바로 감사할 이유들을 찾을 때니라. 바쁜 날에도 감사의 제사를 드리면 그것이 향긋한 향내를 풍기며 내게 올라오느니라.

일상의 삶에서 기뻐할 이유들과 감사할 이유들을 성실히 찾아라. 그러면 그 이유들이 싹터 올라 네 심령을 반기리라.

AUGUST
담대하라 내가 세상을 이기었노라

AUGUST 8.1

비교할 수 없는 결속

Blessed Bond

"너를 떠나지 아니하며 버리지 아니하리니"(수 1:5).

나를 사랑하는 영혼과 맺는 결속에 비할 만한 것이 세상에 도무지 없느니라. 그 사귐은 세상이 상상하는 것보다 훨씬 더 값지니라.

인간의 마음과 정신과 뜻이 나와 동화될 때 하나가 되나니 그것을 체험한 사람만이 희미하게 깨달을 수 있노라.

AUGUST 8.2

네 심령을 먼저 준비하라

Harvest

나는 축복을 풍성하게 부어주기를 즐거워하느니라. 그러나 땅이 준비된 후에야 농부가 씨를 뿌리듯 네 심령이 준비되어야 내 축복을 부어줄 수 있으리라.

그러니 네 심령의 땅을 준비하라. 그리하면 준비된 땅에 내 축복의 씨앗을 뿌려 우리가 기쁨으로 추수하게 되리라.

네 심령의 땅을 경작하는 데 많은 시간을 쏟아라. 기도는 땅을 비옥하게 하느니라.

AUGUST 8.3

모든 순간을 내게 바쳐라
Give Every Moment

자녀들아! 네가 나에게 구하는 사랑의 부르짖음, 네 모든 행동과 생각과 말과 순간을 내게 바치고자 하는 부르짖음을 내가 얼마나 귀히 여기는지 아느냐?

이런 저런 선한 일에 쓰이는 돈이 가장 귀한 예물이라 생각하는 자녀들은 아직 내 마음을 모르나니, 나는 무엇보다 사랑을 바라노라. 진실하고 온화하고 어린아이 같은 사랑, 진실하게 신뢰하는 사랑을 바라느니라. 그 다음으로 내가 귀하게 여기는 예물은 네 모든 순간을 내게 바치는 것이라.

많은 종들이 나를 섬기고자 하는 맹렬한 사랑의 갈망으로 모든 시간과 날들과 삶을 바쳤지만, 순간순간을 내게 드려야 한다는 것을 깨닫는 데는 오래 걸렸느니라. 이는 쉽지 않은 교훈이라. 작은 일을 계획하든지, 내 지시를 따라 기쁘게 포기하든지, 작은 봉사를 하든지 모든 일에서 나를 보아라. 그리하면 그것이 쉬워지리라.

지금은 귀한 시작의 때니라. 그러나 이 길은 모든 자녀들을 위한 것이 아니라 구세주를 갈망하는 세상의 슬픈 부르짖음과 구원사역을 기쁘게 수행할 자녀들을 필요로 하시는 구세주의 온유한 요청을 느낀 자녀들을 위한 것이라.

AUGUST 8.4

생명의 능력 안에서 행하라
Eternal Life

네가 나를 위해 능력의 일을 행하리라. 영광스럽고 기이한 일들로 네 삶이 찬란하게 빛나리라. 영원한 생명을 더욱더 끌어당겨라. 영혼과 마음과 육신을 통해 흐르는 이 영원한 생명의 물결이 너를 정결케 하고 치유하고 회복하고 새롭게 하리라.

내 안에 거하라. 하루의 순간순간 내가 거하게 하라. 항상 나를 의식하라. 단지 나를 위해 행할 것을 찾는데 그치지 말고 더 많은 것을 이루고 성취하라. 행하는 것과 성취하는 것은 같지 않으니라. 영원한 생명만이 지속된다는 것을 기억하라. 그러므로 내 영의 능력, 곧 내 생명의 능력 안에서 행하지 않은 모든 것은 쇠하겠지만 그 능력 안에서 행한 것은 쇠하지 않으리라.

"내가 저희에게 영생을 주노니 영원히 멸망치 아니할 터이요 또 저희를 내 손에서 빼앗을 자가 없느니라"(요 10:28).

영생은 안전과 안위를 의미하노니 안전과 안위를 항상 의식하라.

AUGUST 8.5

내가 찾아가리라
Hour of Need

나는 네 치료자, 네 기쁨, 네 주 하나님이라. 요청하라. 네 주 하나님, 내가 찾아가리라. 내가 여기 있다는 것을 알지 못하느냐? 나는 발소리를 내지 않고 너에게 가까이 다가가느니라.

네가 궁핍할 때가 바로 내가 너에게 가는 시간이라. 내 사랑을 진정 알고 있는 것이냐? 내가 너를 도우려고 얼마나 갈망하는지 알고 있느냐?

네가 고뇌하며 간청하지 않아도 네 궁핍함이 나를 부르므로 내가 달려간다는 것을 알고 있느냐?

AUGUST 8.6

나와 함께 쉬어라
Dwell Apart

나와 함께 쉬어라. 하나님의 아들인 나에게도 모든 소음과 행위에서 벗어나 하나님과 단둘이 교통하는 시간이 필요했다면(막 1:35) 하물며 너는 어떠하겠느냐?

"이때에 예수께서 기도하시러 산으로 가사 밤이 맞도록 하나님께 기도하시고"(눅 6:12).

내 영으로 다시 채워지는 시간, 세상과 떨어져 지내는 시간, 네 존재의 은밀한 곳에 너 자신을 가두는 시간, 나와 둘만 있는 시간이 네게 필요하노라. 다른 사람을 축복하고 치유하는 능력이 바로 이런 시간을 통해 나오는 것이라.

AUGUST 8.7

모든 것이 잘되리라
All Is Well

내 보호의 능력은 흠이 없으나 네가 제대로 깨닫지 못하는구나! 너는 내가 안식처를 제공할 수 있다는 것은 알아도, 그곳에서 편히 쉴 수 있음은 확신하지 못하는구나!

모든 의심과 두려움은 내 사랑을 거스르는 죄이니라.

나를 신뢰하라! 매일, 하루에도 몇 번씩 이렇게 말하는 훈련을 하라.

"모든 것이 잘되리라!"

이 말이 진정으로 믿어질 때까지, 알 때까지 시행하라.

AUGUST 8.8

네 그릇을 비워라
Empty Yourself

오직 나만을 의지하라. 다른 곳에서 도움을 구하지 말라. 어떤 희생이 따르더라도 오직 나만 신뢰하라. 그러면 더 많은 것들로 채워지리라. 나의 공급을 받기 원한다면 네 그릇을 속히 비워라. 많은 것을 쥘수록 내게서 얻을 것이 없으리라. 이것이 나의 공급의 법칙이니라.

무엇을 움켜쥐고 머뭇거린다는 것은 미래를 두려워한다는 뜻이요, 미래를 두려워한다는 것은 나에 대한 신뢰가 부족하다는 의미니라.

괴로움과 어려움의 바다에서 건져달라고 구할 때 전적으로 나를 신뢰하라. 네 기도와 믿음에 거짓이 없다 해도 나를 전적으로 신뢰하지 않으면, 물에 빠진 사람이 한 손으로는 구조하는 이가 던진 생명줄을 붙잡고 다른 한 손으로는 제힘으로 살기 위해 발버둥치는 것과 다르지 않으니라. 생명줄을 온전히 의지해 두 손으로 꼭 붙잡지 않으면 위험에서 벗어날 수 없노라.

그러므로 내가 인도하고 있음을 깨달아라. 전적으로, 온전히 신뢰하라. 네 그릇을 비우면 채우리라. 이 공급의 원칙은 내 자녀들이 가장 배우기 어려운 교훈이니라. 많은 자녀들이 물질적인 공급에만 의존한 나머지 이를 깨닫지 못하고 있노라. 그러나 너는 내가 이른 대로 살라. 오직 나만을 의지하라.

AUGUST 8.9

노력과 휴식

Effort and Rest

내게 오라. 내게 말하라. 나와 함께 거하라. 그리하면 내 길이 확실하고 안전한 길임을 알게 되리라.

나에게 아주 가까이 오라. 하나님나라의 땅을 부지런히 경작하라. 근면하게 노력하고 쉬어라. 이 둘을 조화시켜라.

AUGUST 8.10

이기는 능력을 배워라
Stray Sheep

자녀들아! 내 길에서 벗어나지 않는 유일한 방법은 내게 아주 가까이 다가와 어떤 유혹이나 다른 무엇이라도 너와 나 사이에 끼어들지 못하도록 하는 것이라.

언제나 내 옆에 머물 수 있다고 확신하라. 그 무엇도 내 길을 걷지 못하도록 훼방할 수 없으며, 내 길에서 벗어나게 할 수 없음을 깨달아라. 내가 길이 아니더냐?

나는 평화를 약속했지 안일함을 약속하지 않았느니라. 심령의 안식과 위로를 약속했지 쾌락을 약속하지 않았느니라. 역경이 엄습하더라도 실패했다거나 내 인도를 받지 못한다고 느끼지 말라. 세상에서는 환난을 당할 거라고 내가 말하지 않았느냐? 그러나 내가 또한 "세상에서는 너희가 환난을 당하나 담대하라 내가 세상을 이기었노라"(요 16:33)라고 말한 것을 기억하라.

그러므로 내게 배워라. 침 뱉음을 당하고 채찍으로 맞고 오해당하고 버려지고 십자가에 달렸지만 이런 것에 조금도 요동하지 않고 마침내 십자가 위에서 "다 이루었다"(요 19:30)라고 의기양양하게 외친 나의 이기는 능력을 배워라. 나는 모진 고통과 조롱과 아픔 속에서도 아버지의 일을 이루었느니라.

이를 묵상하며 위로를 받아라. 네가 실패와 굴욕과 충돌과 고난의 한가운데 있을 때 네 친구들과 천사들이 "다 이루었다"라고 합창할 준비를 하고 있을지 모르느니라.

AUGUST 8.11

너는 내 것이라
You Are Mine

어둠에서 빛으로, 불안에서 쉼으로, 혼란에서 질서로, 오류와 실패에서 온전함으로 내가 너를 인도하고 있노라. 이 사실을 기억하고 언제나 온전히 신뢰하라. 아무것도 두려워하지 말라. 소망을 버리지 말고 나를 올려다보아라. 언제나 너의 도움이 되리라.

나와 내 아버지는 하나이니라. 혼돈으로부터 아름답고 질서 잡힌 세상을 만드신 분, 별들을 그 길 가운데 놓으시고 식물에게 제철을 알게 하신 분이 네가 겪는 작은 혼돈으로부터 평화와 질서를 가져오는 일이 어렵겠느냐?

나와 내 아버지는 하나이며 너는 내 것이라. 그러므로 너의 일이 곧 나의 일이라. 나의 일, 너의 일을 질서 있게 하는 것이 내가 맡은 임무이니라.

AUGUST 8.12

구원하기 위해 살라
Rule the World

응답받지 못하는 기도는 없느니라. 부당한 일을 당했거나 어떤 사람이 너에게 도리에 어긋나는 행동을 했을 때, 그때가 바로 부당한 일을 바로잡아 달라거나 그 사람을 변화시켜 달라고 기도할 의무와 책임이 시작되는 때임을 기억하라.

책임을 회피하지 말라. 네 나라, 네 나라의 통치자들, 네 나라의 법률, 네 나라의 백성들이 잘못하고 있느냐? 그렇다면 그 문제들을 놓고 기도하라. 그리하면 대할 수 없던 사람들의 삶이 변화되고, 정의로운 법률이 만들어지며, 온갖 불의(不義)가 추방되는 것을 목격할 것이라.

기도의 지경을 넓혀라. 섬기기 위해, 구원하기 위해 살라. 그리하면 네 능력이 심히 미약할지라도 강력한 세력가가 될 수 있으리라. 너는 네가 하는 강력한 일들을 보지 못할 수도 있으나 나는 보노라. 사람을 구원하는 자의 삶은 실로 영광스럽도다! 나와 함께 일하며 살라! 내 생명을 나누는 자가 되어라!

AUGUST 8.13

네 성품을 면밀히 살펴라
Perfection

나는 너를 돕는 하나님이니라. 어둠이 빛으로, 약함이 능력으로, 죄가 구원으로, 위험이 안전함으로, 가난이 풍족함으로, 무관심이 사랑으로, 분노가 온전한 용서가 되도록 돕고 있노라. 내 말을 네 귀의 경종으로 삼아라.

"하늘에 계신 너희 아버지의 온전하심과 같이 너희도 온전하라"(마 5:48).

이보다 못한 기준을 네 기준으로 삼지 말라. 생명과의 관계, 곧 가족이나 친구나 친지나 직장 동료와의 관계 속에서 네 성품을 면밀하게 살펴라. 내가 만일 네가 처한 것과 동일한 상황이나 환경이나 관계에 있다면 과연 어떻게 할지 생각해보라. 이러이러한 단점과 죄와 실수와 태만함을 뿌리 뽑기 위한 계획을 세워 고집스럽게 실천하라. 적어도 일주일에 한 번은 네 성품을 면밀히 살피는 시간이 필요하니라.

AUGUST 8.14

가장 귀한 선물
My Richest Gift

생명! 영의 생명, 정신의 생명, 신체의 생명, 풍성한 생명, 기쁨의 생명, 능력의 생명을 주기 위해 내가 왔노라.

그런데도 이 은혜로운 선물을 받으려는 사람이 없으니 내 마음이 실로 아프구나! 어떤 사람이 세상에서 가장 귀한 선물을 모든 이에게 공짜로 주는데도 아무도 관심이 없다고 생각해보라. 더욱이 내가 주는 선물은 땅이 아니라 하늘이 주는 풍성한 생명이 아니더냐?

그런데도 사람들이 등을 돌리고 받기를 거부하니 어찌 이런 일이 있을 수 있다는 말이냐? 거부하는 자는 아무것도 받지 못하리라. 하지만 너는 그런 자들처럼 되지 말라. 내 선물을 즉시 받아 누려라.

AUGUST 8.15

합심하여 기도하라
Not Punishment

내가 너의 수고를 알며 너를 인도하고 있노라. 네가 지금 과거의 죄로 형벌을 받고 있는 것이 아니라. 매일 아침 내가 너에게 하는 말을 마음에 새겨, 무슨 말이든 들은 대로 행하라. 나는 줄곧 길을 보여주고 있지만 네가 도무지 순종하지 않는구나!

내가 계획을 갖고 있지만 계시하지 않는 까닭은 네가 순종하지 않기 때문이라. 너는 오직 나의 뜻을 구하고 나를 섬기기를 열망하여 친구와 합심으로 기도하고 있느니라. 그러나 너희 둘만 그리하지 말고 다른 사람들도 그렇게 하도록 격려하라고 명하지 않았더냐? 너희가 합심하여 기도할 때 이적이 일어나리라.

만약에 나의 많은 자녀들이 너희처럼 짝을 지어 합심하여 기도했다면 이 세상이 벌써 오래 전에 나에게 돌아왔으리라.

AUGUST 8.16

기쁨으로 일할 수 있을 때까지
No Tired Work

쉬어라. 억지로 일을 강행하는 것은 옳지 않노라. 네 혈관과 심장과 마음을 통해 흐르는 영원한 생명이 네 자신에게 분발하라고 명령할 때까지, 기쁨으로 일할 수 있을 때까지 쉬어라. 피곤하게 일하면 아무것도 얻을 수 없느니라.

쉬어라. 내가 너의 의사이며 몸과 마음의 치료자라는 것을 명심하라. 치유와 안식과 평화를 위해 나를 찾아라.

AUGUST 8.17

나의 보살핌
Nature Laughs

내가 왔노라. 너에게는 내가 필요하니 나의 햇빛과 찬란한 공기와 내 임재와 가르침 안에서 살라! 네가 어디에 있든지 그것들이 네 날들을 유쾌한 휴일로 만들리라. 빛은 인간의 마음을 기쁘게 하노니 그것은 자연의 웃음이라.

나의 치료약은 태양과 공기와 신뢰와 믿음이라. 신뢰는 네 영혼의 태양이니 내 영으로 네 존재를 온통 감싸는 것이라. 믿음은 네 영혼의 호흡이니 내 영을 들이마시는 것이라.

네 마음과 영혼과 육신은 도움이 필요하니 나의 치료법을 반겨라. 내게 더 가까이 오라. 자연은 피곤한 영혼과 지친 육신을 돌보는 나의 간호사니라. 내 간호사의 보살핌을 받아라.

AUGUST 8.18

동행의 조건
Stones of The Way

내가 여기 있노라. 어떤 물리적인 거리도 나를 너에게서 떼어놓을 수 없노라. 영의 나라에서는 땅의 단위로 측량하지 않으나 나를 너에게서 떼어놓게 만드는 것은 거짓된 말, 두려움의 지배를 받는 심령, 혹독한 비난이니라. 그래서 네가 이토록 엄한 훈련을 받고 있노라.

네가 지금 나의 동행을 구하고 있으니 구하는 자는 반드시 얻으리라. 그러나 단지 갈망한다고 해서 내가 동행하는 것은 아니니 일상의 크고 작은 일에서 내 뜻에 무조건 굴복할 때라야 내가 비로소 인도하며 동행하기 때문이라.

네가 두 아이를 데리고 길을 가고 있다고 가정해보라. 한 아이는 제 나름의 방향을 기대하지만, 네가 갈림길에서 어떤 결정을 내리더라도 기쁨으로 당연하게 수용하느니라. 반면 다른 아이는 매사에 거부하고 강제로 끌고 가야 하며, 가만히 있어야 하는 순간조차 이렇게 말하느니라.

"당신과 동행하고 싶어요. 저를 내버려두지 마세요. 하지만 이 길은 정말 싫어요!"

너는 어떤 아이와 동행하기를 원하느냐?

나는 내 인도를 즐거워하고 기뻐하는 자녀들을 원하노라. 하지만 많은 자녀들이 나의 안내를 받기를 원하면서도 그 길에서 돌쩌귀를 만날 때마다 마땅히 보여야 할 기쁨을 보이지 않고 있노라.

AUGUST 8.19

내가 땅에 준 것들
A Human Temple

내 앞에 머리를 조아려라! 예배와 간청은 인간이 나를 필요로 한다는 사실의 절박한 표현이지만 서로 다르니라. 나는 인간의 몸을 입고 땅에 왔지만 존귀와 위엄의 하나님이라. 이를 의식해 머리를 조아려라. 나를 예배하라.

네가 겸손하게 무릎을 꿇고 나를 경배할 때, 내가 인간의 몸을 입은 까닭이 네 인간성을 나의 신성으로 끌어올리기 위함이었음을 가르치리라.

땅은 자기가 가진 가장 좋은 것을 내게 주었으니 나의 신성을 에워쌀 육신이 그것이라. 그리고 나는 땅에 내 능력과 사랑과 힘을 주어, 나를 영접하고 나를 향해 마음을 활짝 열고 내 생명으로 살기를 갈구하는 자녀들이 그것들을 나타내도록 하였느니라.

겸손함으로 무릎을 꿇어라. 네 눈을 하늘로 향하라. 하늘의 위엄과 능력과 아름다움을 네 것으로 할 수 있음을 깨달아라.

너의 '받아들임'(accepting)에 한계가 있었을지 몰라도 나의 '주는 것'(giving)에는 한계가 없음을 깨달아라.

내가 너를 놀라운 일들로 불렀으니 기뻐하라! 기도 속에서 그것들을 목격하라. 내가 주는 힘으로 일어나라. 그것들을 얻고자 하는 갈망을 가득 채워라.

AUGUST 8.20

뒤돌아보지 말라
Shame and Remorse

냉소로부터 너를 지키며 가책으로부터 너를 보호하라! 나는 종종 내 자녀들을 냉소와 가책으로부터 지켜야 했노라.

내가 만일 부드러운 사랑으로 베드로를 감싸지 않았다면, 그는 감히 내 일을 할 수 없었을 것이며, 살아갈 힘조차 얻지 못했으리라. 나는 베드로를 보호할 필요가 있었지만 그 보호는 내 아버지의 진노나 사탄의 조롱이나 천사의 의분으로부터의 보호가 아니라 베드로 자신의 자아경멸로부터의 보호였노라.

오늘날 나를 따르는 자녀들이 종종 수치와 가책에 시달리고 연약한 자아를 경멸하고 있노라. 하지만 나의 자녀들은 나를 위해 강해져야 하고 용맹스러워져야 하기에 내가 사랑의 방패로 그들을 보호하는 것이라. 만일 그렇지 않다면 그들은 싸워 이길 용기를 갖지 못하리라. 그러나 내 자녀들은 자신의 실상을 깨달아 부끄러움과 가책을 느끼는 순간을 반드시 거쳐야 하노라.

그것은 성장을 위한 단계이므로 그저 단계로 끝나야 하노라.

과거에 범했던 죄나 실수나 잘못이나 나쁜 습관을 곰곰이 생각하지 말라. 넘어져도 다시 일어나 끝까지 달리는 경주 선수처럼 되어야 하느니라. 장거리 경주 선수가 넘어진 지점을 살피기 위해 가던 길을 돌이키거나 지체된 것을 슬퍼하거나 장애물을 피하지 못한 것을 자책한들 무슨 소용이 있겠느냐?

절대 뒤돌아보지 말라! 내 명령이라. 오늘부터라도 새로 시작하라. 너뿐만 아니라 주위 사람들도 새로 시작하게 하라. 과거의 죄나 실패에 대한 기억은 이제 그만 던져라. 그 기억들이 실망의 역류가 되어 네 헤엄을 훼방할 것이라.

내가 열두 제자들을 둘씩 짝지어 보내면서 양식이나 주머니나 전대의 돈이나 아무것도 가져가지 말라고 한 것을 기억하느냐?(막 6:7) 인생길을 갈 때 중요하지 않은 것들은 모두 던져버려라. 방해물을 과감히 던져버리고 아무 짐도 지지 말고 가벼운 심령으로 걸어라. 그때, 강력한 영향력을 나타내리라.

AUGUST 8.21

땅에 붙들리지 말라
Broken Voices

땅에 붙들린 영혼은 독수리처럼 비상하지 못하느니라. 그러나 내가 너를 축복하였고 또 네가 두려움과 근심으로부터 기쁨과 자유를 얻었으니 이로써 너를 땅에 온전히 결박하지 못하리라. 네가 자유를 얻었다는 것은 두려움과 근심의 땅에서 솟아올라 기쁨과 분별의 영역으로 들어감을 의미하느니라.

네 꺾인 날갯죽지가 다시 자랄 것이며, 쇠약해진 목소리에 힘과 아름다움을 얻으리라. 지금은 나의 도움이 늦는 것 같아 기뻐할 수 없다고 느끼겠지만, 머지않아 다른 사람들을 돕는 네 능력으로 큰 기쁨을 찾으리라. 다른 사람들 눈에는 네가 기진맥진하고 피곤에 지친 것처럼 보여도 네게 이르노라.

"보라 내가 만물을 새롭게 하노라"(계 21:5).

이 약속을 꼭 이루리라.

AUGUST 8.22

구원을 위한 기도
Gleams of Sunlight

네가 다른 사람 구원하기를 갈망하므로 내가 너를 그런 그릇으로 만들기 위해 이처럼 훈련시키노라. 날마다 고통과 어려움과 고난과 역경을 당하더라도, 괴로워하는 한 사람의 영혼을 위해 기도하기를 쉬지 말라. 그렇게 하면 하루의 괴로움과 고생과 어려움과 아픔이 지난 뒤 그날의 아름다움이 살아나리라.

   내 삶에서 다른 사람들을 구원하기 위한 고난을 배워라. 그러면 고통 중에도 찬양할 수 있으며, 아무리 암울한 날들을 지난다 해도 반짝이는 빛을 볼 수 있으리라.

AUGUST 8.23

정상을 바라보라
The Summit

하루를 가득 채우는 작은 시련들과 자질구레한 걱정거리를 주목하지 말라. 다른 모든 것에 우선하는 한 가지 목적과 계획을 주목하라.

높은 산에 오르는 사람이 가파른 경사와 험준한 길에만 시선을 고정하면 그 오르는 발이 심히 피곤해 산을 오를 의욕마저 꺾이고 말리라.

그러나 정상이 선사하는 화려하고 아름다운 장관에 시선을 고정하고 한 걸음 한 걸음을 성취로 향하는 단계로 여기면 오르는 길이 달라지리라.

AUGUST 8.24

가장 높은 곳으로 향하는 사다리
Sublime Heights

나는 너를 건지는 하나님이니 절대적으로 신뢰하라. 너를 위한 최선의 일을 하리니 잊지 말라. 기꺼이 내 뜻을 준행할 준비를 하라.

나와 함께하면 모든 것이 가능하다는 것을 깨달아라. 기쁜 마음으로 이 진리를 붙잡아라. 하루에도 몇 번씩 "나의 주인, 나의 주님, 나의 친구와 함께하면 모든 것이 가능하다!"라고 외쳐라.

이 진리를 받아들여 굳게 믿어라. 그러면 그것이 견고한 사다리가 될 것이요, 그것을 딛고 가장 깊은 구덩이에서 가장 높은 곳으로 올라갈 수 있으리라.

AUGUST 8.25

지쳐 있을 때
Exhaustion

구하면 주시리라. 나의 임재를 구했다가 헛되이 돌아가는 자는 없으리라. 나의 도움을 구하고 헛되이 돌아가는 자 역시 없으리라.

내 영의 생명력과 소망의 활력이 네 지친 육신과 마음을 다시 채우고 새롭게 하기 위해 기다리고 있노라. 때로는 육신의 곤함과 소진이 내 영의 결여가 아니라 내 영의 인도함을 나타내는 징표가 되기도 하나니, 그것들이 내 종들로 하여금 하던 일을 포기하고 안식을 구하게 만들기 때문이라. 만일 내 종들의 육신과 마음이 피곤치 않았다면 놀라운 일들이 일어나지 않았으리라.

내 길은 좁지만 풍성한 생명으로 향하나니 그 길을 따라 걸어라. 그 길은 좁아도 내가 네 곁에서 걷지 못할 정도로 좁지는 않으리라. 내가 네 옆에서 걷고 있으니 결코 외로워하지 말라. 한없이 온유하며 강한 친구가 너와 동행하리라.

AUGUST 8.26

아무것도 두려워하지 말라
Accept Trials

시련과 고통이 너를 온통 제압하는 것처럼 보일지 모르나 그것이 내 뜻을 넘어서는 일은 하지 못하리니 아무것도 두려워하지 말고 염려하지 말라. 내 뜻이 너의 뜻이라고 네 입으로 말하지 않았더냐?

내가 너를 망하게 하지 않으리라는 것을 아직 모르느냐? 네 앞에 새로운 삶을 펼쳐놓았노라. 너는 그저 내가 너를 위해 준비한 하나님나라에 들어가면 되노라.

내 임재의 빛을 네 길에 비추리니 아무것도 두려워하지 말고 나아가라. 너의 모든 필요를 채우고도 남을 은혜를 베풀리라.

AUGUST 8.27

나의 치료는 아프지 않으니

Tangled Skeins

내 앞에서 잠잠하라. 나를 신뢰하라. 내가 너를 신실하고 안전하게 이끌고 있지 않느냐? 네 주인인 나를 믿느냐? 이렇게 해야 기도 응답을 받을 수 있다는 것을 믿느냐?

내가 전지전능한 하나님이라는 것을 잊지 말라. 네 모든 문제와 어려움을 즉시 내 손에 맡겨라. 그리하면 네 삶의 모든 불협화음과 혼란을 치료하기 시작하리라.

나의 치료는 세상에서 가장 유능한 의사의 치료보다 아프지 않으니 내게 치료를 받아라. 진정 그렇게 믿는다고 지금 내게 말하라.

AUGUST 8.28

부단히 섬겨라
Continuous Service

섬김은 내 나라의 법이라. 나의 천사들은 언제나 순종하노라. 나를 사랑하는 자녀들이라면, 세상 사람들에게 "저들은 언제나 하나님을 섬기는구나!"라는 말을 들어야 할지니라.

무슨 일을 하든지 사랑으로 나를 섬겨라. 쉴 때라도 나를 섬기는 마음으로 쉬어라.

그러나 이것을 '목표'로 여기지 말라. 나를 섬기기 위해 집중된 새로운 삶의 '시작'으로 여겨라. 이것이 능력과 기쁨이 넘치는 삶의 시작이라.

AUGUST 8.29

내 이름을 말하라!

Breathe My Name

내 이름을 말하라!

   그것은 어린 자녀가 부모의 손을 꼭 쥐는 것과 같으니라. 그렇게 쥐는 행동이 부모를 자극해 자녀의 손을 꼭 쥐게 할 것이요, 그때 자녀의 확신이 강해지고 모든 의심과 두려움이 물러가리라.

AUGUST 8.30

주어라, 주어라, 주어라!

Give, Give, Give

후하게 주어라. 인색한 마음을 품지 말고 너그러이 주어라.

사랑, 배려, 시간, 편안함, 위로, 휴식, 치유, 능력, 따스한 마음, 네가 가진 모든 것, 이 모든 것에 모든 것을 더해 주어라. 주어라! 주어라!

네가 우주에서 가장 너그럽게 베푸는 주인을 따르고 있다는 것을 잊지 말라. 이 교훈을 가슴에 새겨라. 그리하면 놀라운 능력으로 다른 사람들을 도우며 강력한 일들을 행하리라.

AUGUST 8.31

기도하고 부인하라
Pray and Deny

"기도와 금식 외에 다른 것으로는 이런 유가 나갈 수 없느니라"(막 9:29).

"This kind can come forth by nothing, but by prayer and fasting"[KJV, 개역한글성경에는 '금식'(fasting)이 번역되어 있지 않지만 흠정역(KJV)에는 번역되어 있다].

다른 사람들을 구원하려면 기도의 삶, 곧 나와 교제하는 삶을 살아야 하노라. '기도와 금식'을 너에게 주는 명령으로 여겨라.

기도하고 너 자신을 부인하라. 그리하면 다른 사람들을 구원하고 돕기 위한 도구로 너를 놀랍게 사용하리라.

SEPTEMBER
내가 너를 버리지 아니하리라

SEPTEMBER 9.1

네가 실로 부유하지 않느냐
How Rich You Are

"내가 과연 너희를 버리지 아니하고 과연 너희를 떠나지 아니하리라"(히 13:5).

자녀들아! 이 말씀은 변하지 않는 진리이니라. 예로부터 지금까지 수많은 종들이 나의 신실함, 한결같음, 변치 않는 사랑을 입증하였느니라. 내 사랑과 지혜와 능력이 너를 버리지 않으리라. 나는 사랑의 하나님이니 영원토록 너를 사랑하리라.

나는 능력의 하나님이니 영원토록 힘을 주리라. 나는 인내의 하나님이니 결코 지치지 않으리라. 나는 지혜의 하나님이니 언제나 너를 이해할 것이라. 미래가 걱정되느냐? 너를 위해 이렇게 많은 것을 준비하고 기다리는데 무엇을 염려하느냐?

"위엣 것을 생각하고 땅엣 것을 생각지 말라"(골 3:2).

그리하면 네가 실로 부유하다는 것을 깨달으리라.

SEPTEMBER 9.2

나는 공급하노라
I Must Provide

나는 네 주인, 하나님이므로 네게 순종의 섬김과 충성을 명할 수 있으나 너를 보호해야 하노라. 나는 너를 위해 싸워야 하며 내 능력으로 풍족하게 공급해야 하노라.

그 공급량이 얼마나 클지 생각해보라. 정녕 의심하지 말라. 진정 놀라운 일, 꿈에도 상상하지 못한 기이한 일들이 펼쳐지리라. 너는 그저 감사의 마음과 풍성한 열매를 맺는 사랑의 마음으로 받으면 되느니라.

SEPTEMBER 9.3

보이지 않는 것 안에서 살라
Live in the Unseen

나는 네 구세주, 죄의 짐에서 너를 구해냈을 뿐만 아니라 근심과 불행과 낙심과 빈곤과 비통과 약함과 고뇌의 무거운 짐으로부터 구해낸 네 구주이니라.

네가 보이지 않는 곳에서 살고 있다는 것, 그것이 진짜 삶이라는 것을 잊지 말라. 땅의 문제만 바라보지 말라. 고개를 들어 내 나라의 영광을 바라보라. 날마다 고개를 더 높이 들고 하늘에 속한 것들을 바라보라.

내게 말하라. 나를 갈망하라. 내 안에서 쉬며 내 안에 거하라. 불안한 기색으로 짐을 메고 왔다가 안절부절못하고 다시 짐을 짊어지고 가는 일이 없도록 하라. 내 안에 거하라. 너에게 힘을 주며 너를 보호하는 내가 있음을 한순간도 잊지 말라. 젖먹이가 엄마의 품에 안겨 쉬듯이 내 안에서 쉬어라.

SEPTEMBER 9.4

짐을 내려놓아라
Drop Those Burdens

범사에 나를 주목하라. 나를 항상 의지하라. 네 모든 짐을 내려놓고 가벼운 걸음으로 기뻐 노래하며 네 길을 가라. 짐을 지고 가다가는 필경 넘어지리라.

네 모든 짐을 내 발 앞에 내려놓아라. 내가 그 짐을 들어올려, 너에게 가장 좋은 방법으로 처리하리라.

SEPTEMBER 9.5

전진하라
Progress

전진하는 것이 내 나라의 법이라. 생명과 아름다움과 지식과 능력을 향해 높이, 더 높이 솟아올라라.

    내일은 오늘보다 더 강해져라. 용감해져라. 사랑하라. 이 전진의 법이 네 삶의 의미와 목적을 더하리라.

SEPTEMBER 9.6

보이지 않는 세계를 바라보라
You Loved Ones

보이지 않는 곳에 있는 네 친구들을 기억하라. 그들은 나를 섬기고 자기들이 사랑하는 사람들을 섬기느니라. 그러나 그들의 직무가 실로 다양하고 많으므로, 내가 인간의 몸을 입고 땅에 있을 때 광야에서 나의 시중을 들었던 천사들(마 4:11, 막 1:13)을 사람들이 보지 못했던 것처럼 그들을 보지 못하리라. 네가 지극히 제한된 방식으로 너를 돕는 땅의 친구들에게는 급히 달려가면서 너를 더 잘 섬기고, 이해하고, 보호하고, 너를 위해 계획을 세우고, 나에게 간절히 청하는 친구들을 소홀히 대하다니 참으로 이상하구나!

그들을 기억하면서 보이지 않는 세계에서 살아갈수록, 그 세계가 임할 때 네 걸음이 훨씬 가벼워지리라. 보이지 않는 영원한 삶을 바라볼 때 지금 이 세상의 고통과 어려움이 훨씬 덜 위압적으로 보이리라. 나를 아는 법을 배울 때 내 나라를 끌어당길 것이며, 그곳에 있는 보이지 않는 친구들과도 가까워지리라.

SEPTEMBER 9.7

하나님의 팔 안으로 피난하라
Everlasting Arms

"영원하신 하나님이 너의 처소가 되시니 그 영원하신 팔이 네 아래 있도다"(신 33:27).

포근히 감싸주는 팔은 하늘에 계신 아버지의 온유한 사랑을 나타내는 것이라. 괴로움과 어려움 가운데 있는 인간에게 숨을 만한 피난처가 필요하노니 그 무엇에도 방해받지 않는 곳이어야 하느니라.

"하나님은 나의 피난처시니!"라고 너 자신에게 계속해서 말하라. 그 진리가 네 영혼 깊숙한 곳에 자리할 때까지, 그 진리를 깨달을 때까지, 아무것도 염려할 것이 없다는 확신이 들 때까지, 두려움이 가시고 기쁨이 잔물결을 일으키며 퍼질 때까지 계속 외쳐라. 안전하고, 확실하고, 지치지 않는 영원하신 팔 안으로 피난하라.

SEPTEMBER 9.8

내 사랑 안에서 걸어라
Walk in My Love

내가 공급하지 않는 것처럼 보일 때 나의 공급이 중단되었다고 생각하지 말라. 오히려 베풀 것이 없는지 주변을 둘러보고 베풀어라. 나의 공급이 중단된 것처럼 보일 때는 그것을 봉쇄하고 차단하는 이유가 반드시 있느니라. 네가 베푸는 것으로 그 이유가 말끔히 제거되고 내 영의 공급을 원활하게 하리라.

내가 사랑이라는 것을 의식하면 네 모든 삶이 달라지리라. 나를 의식한다는 것은 네 삶 전체를 나를 향해 열어놓는다는 뜻이며 그때 안도감을 얻을 것이라. 그 안도감이 '모든 지각에 뛰어난 하나님의 평강'(빌 4:7)을 가져올 것이요, 그 평강이 세상이 빼앗지 못할 기쁨을 가져오리라.

세상 말로는 너를 향한 내 사랑과 관심을 나타낼 수 없으니 내 사랑을 확신하라. 내 사랑 안에서 기뻐하고, 내 사랑 안에서 걸어라. 그리하면 네 길에 기쁨과 즐거움과 생명력이 넘쳐나는 승리자의 모습으로 당당히 진군하리니 내 길로 걸어라!

SEPTEMBER 9.9

내가 주는 성공
Cultivate-Yourself

내게서 승리의 능력을 얻어라. 나와 함께하면 실패하지 않으리라. 인생의 성공 비밀은 나와 함께 사는 것이라. 인생을 잘 견디기 원하느냐? 그렇다면 모든 생명의 주인, 모든 생명을 주는 하나님인 내 곁에서 살아라. 틀림없이 상급을 받을 것이며 내가 주는 온전한 성공을 얻을 수 있으리라.

영혼을 얻고, 질병을 치유하고, 귀신을 쫓아내고, 갈보리 희생을 이루고, 원수의 조롱과 고문과 빈정거림 앞에서도 조금도 요동치 않는, 부활하신 구세주의 성공을 얻을 수 있으리라. 세상은 네가 실패했다고 생각하겠지만, 너는 내가 주는 성공을 얻으리라. 나는 세상이 판단하는 것처럼 판단하지 않느니라.

내가 하늘 문을 열고 진리를 계시할 때 놀라움으로 무릎을 꿇어라. 모든 사람이 아니라 신실하게 나를 사랑하는 자녀에게만 내 음성을 들려주리라. 영적인 진리를 깨닫는 기쁨이 가장 큰 기쁨이니라.

　네가 땀 흘려 일해야 할 들판이 바로 너 자신이라는 것을 기억하라. 네 마음의 잡초를 뽑고, 땅을 파고, 파종을 하고, 가지를 치고, 열매를 맺는 것이 너의 첫 번째 임무이니라. 네가 그 일을 마친 후에야 내가 너를 다른 들판으로 인도하리라.

SEPTEMBER 9.10

하나님이냐 맘몬이냐?

God or Mammon?

세상에서 떨어져라. 네가 내 안에 있는 충만하고도 완벽한 만족을 원하면서 세상이 주는 만족도 원하느냐? 만약 그렇다면 하나님과 맘몬('재물'이라는 뜻으로 하나님에게 대립되는 우상을 일컬음. 마 6:24 ; 눅 16:13 참조)을 겸해 섬기려고 애쓰는 것이며, 설령 애쓰지 않는다 해도 하나님과 맘몬의 삶을 겸해 구하는 것이라.

나를 위해 일하면 마땅히 상급을 받을 것이나 네가 다시 세상과 인간에게 눈을 돌려 그것들이 주는 보상도 기대하고 있으니 그것은 결코 옳지 못하리라. 세상의 사랑이나 인정이나 호의를 기대하지 말라. 네게 필요한 보상은 내가 다 주리라.

SEPTEMBER 9.11

나의 생명이 곧 너의 생명이라
A Generous Giver

"내가 온 것은 양으로 생명을 얻게 하고 더 풍성히 얻게 하려는 것이라"(요 10:10).

네 주 하나님, 나는 후히 베푸는 하나님이라. 나는 풍성한 생명을 넘치도록 부어주노라. 이를 위해 내가 왔노라. 힘차게 약동하며 너를 통해 흐르는 생명, 네 마음과 육신을 생동하게 하는 생명, 영원한 생명을 주는 것이 나의 일이라.

나는 후히 주는 하나님, 네 왕이라. 내가 세상에 온 것은, 네가 내 안에서 살게 하기 위함이었노라. 내가 "나는 포도나무요 너희는 가지니"(요 15:5)라고 말했을 때 일컬은 것이 바로 그것이라. 포도나무의 생명은 가지로 흐르느니라.

우리의 생명은 하나이니, 나의 생명이 곧 너의 생명이기 때문이라. 그러므로 내 안에 있는 모든 것이 너에게 전해지며 그 교통하심 또한 매우 친밀하니라. 나는 사랑, 기쁨, 평화, 힘, 능력, 치유, 겸손, 인내이니라. 네가 네 주 하나님 안에서 보는 모든 것이로다. 그러므로 나의 생명이 너를 통해 흐를 때 너 또한 이 모든 것을 가질 수 있노라. 그러니 용기를 가져라!

    네 힘으로는 너 자신을 강하게 하거나 인내하게 하거나 겸손하게 하거나 사랑으로 충만하게 할 수 없으니 나와 함께 살아라. 나의 생명이 네 안에서 놀라운 변화를 일으키리라.

SEPTEMBER 9.12

범사에 하나님나라를 먼저 구하라
Money Values

"눈은 몸의 등불이니 그러므로 네 눈이 성하면 온몸이 밝을 것이요"(마 6:22).

네 의지가 네 영혼의 눈이라. 내 나라에 소망을 두고 섬기기를 갈망한다면 네 온몸이 빛으로 가득하리라.

하나님나라를 먼저 구하라는 말씀을 듣고 먼저 해야 할 일은, 네 의지가 하나님나라를 향하고, 진실한 눈으로 하나님의 영광을 바라보며, 하나님나라가 임하는 것을 소망하고, 범사에 하나님나라를 구하는 것이라.

영적인 가치 외에는 어떤 가치도 알려 하지 말라. 영적 유익 외에는 어떤 유익도 구하지 말라. 범사에 하나님나라를 먼저 구하라. 물질적인 이득이 내 나라의 이득을 의미할 때만 물질을 구하라. 돈을 귀하게 여기지 말라. 나와 함께 걸어라. 나에게 배우고 나에게 말하라. 너의 참 행복이 여기에 있노라.

SEPTEMBER 9.13

내 이름을 부를 때 응답하리라
No Other Name

내 이름은 악을 전복시키고, 모든 선한 것들을 불러 너를 돕게 하는 능력이라. 악한 영들은 "예수님!"이라는 소리에 도망치느니라. 네가 두렵거나 연약할 때, 고통 속에서 내 이름을 부를 때 반드시 응답하겠노라.

어린아이가 끊임없이 제 어미를 부르는 것처럼 너도 내 이름을 불러라. 도와달라고, 결정해달라고, 보살펴달라고 불러라. 자연스럽게, 단순하게, 절박하게 불러라. 도움을 구하기 위해서만 부르지 말고 사랑을 표현하기 위해서도 불러라.

큰소리로 부르든 심령의 침묵 가운데 외치든 내 이름을 부르는 순간 불협화음만 내던 네 환경이 사랑의 환경으로 변화되어 어우러질 것이며, 네 생각과 말의 표준이 높아지리라.

"다른 이로서는 구원을 얻을 수 없나니 천하 인간에 구원을 얻을 만한 다른 이름을 우리에게 주신 일이 없음이니라"(행 4:12).

SEPTEMBER 9.14

이 길로 걷는 자녀들만이

When Faith Fails

"내가 믿나이다 나의 믿음 없는 것을 도와주소서"(막 9:24).

이런 심령의 부르짖음은 내가 땅에 있을 때도 그랬거니와 지금도 인간의 절박한 필요를 표현하는 것이라. 이런 외침은 영혼의 성장을 나타내느니라.

한 영혼이 나와 내 능력을 깨닫고, 내가 자신을 돕는 하나님이며 구세주임을 알 때 나를 더욱더 믿게 되느니라. 동시에 나를 절대적으로 신뢰하지 않았음을 전보다 더 명확하게 의식하게 되노라. 그래서 "내가 믿나이다. 나의 믿음 없는 것을 도와주소서!"라고 부르짖게 되는 것이라.

네 영혼이 성장하려면 더 큰 믿음이 필요하나니 달라고 부르짖어라. 모든 불신앙과 신뢰하지 못함을 극복하게 해달라고 청하라! 그 부르짖음에 응답하리라. 더 큰 믿음을 달라고 구하라. 어느 부분을 신뢰하지 못하는지 깨닫게 해달라고 구하라. 내 안내를 따라 이 길로 걷는 자녀들만이 내게 가까이 올 수 있노라.

SEPTEMBER 9.15

침묵하고 신뢰해야
Quiet Strength

내 안에서 쉬어라. 네 피곤한 본성이 쉬기를 거부할 때, 그때가 바로 쉬어야 할 때니라. 내 생명의 능력이 너를 통해 흐를 때까지 쉬어라.

미래를 두려워하지 말라. 조용히 하라. 잠잠하라. 네가 침묵하고 신뢰해야만 내가 주는 힘을 유지하리라. 세상은 행위에서 힘을 찾지만 내 나라의 힘은 침묵의 신뢰 속에 있느니라.

"잠잠하고 신뢰하여야 힘을 얻을 것이거늘"(사 30:15).

실로 놀라운 약속이 아니냐? 내가 이 영광스러운 약속을 신실하게 지키지 않더냐? 평화가 주는 힘, 그 힘이 주는 평화를 구하라. 내 안에서 쉬어라. 내 안에서 기뻐하라.

SEPTEMBER 9.16

내가 주는 평화
Assurance

"의의 공효는 화평이요 의의 결과는 영원한 평안과 안전이라"
(사 32:17).

나의 평화는 영원한 평안과 안전을 주노라. 나의 평화는 불모의 땅을 고요히 지나는 강줄기처럼 나무와 꽃을 생동하게 하며 열매 맺게 하느니라. 내가 주는 평화 속에서 일할 때라야 성공할 수 있으며, 네 일이 능력을 더욱 발휘하리라. 그러니 성급하게 계획을 세우지 말라. 너는 시간이 아니라 영원 속에서 살고 있노라. 미래의 삶이 보이지 않는 세계에서 계획되고 있노라.

"저가 내 안에, 내가 저 안에 있으면 이 사람은 과실을 많이 맺나니"(요 15:5).

잠잠히 확신을 품고 평안을 누려라. 급히 돌진하지 말라. 불안해하지 말라. 평화로운 마음을 가져라. 기도로 씨를 뿌리고 신뢰로 물을 주면 기쁨 속에서 꽃을 피우고 열매를 맺으리라.

SEPTEMBER 9.17

미래에 대한 염려를 버려라
Faltering Steps

너는 지금 내 길로 걷고 있노라. 불확실한 미래의 길을 비틀거리는 발걸음으로 걷고 있나니 그것이 내 길이라.

미래에 대한 모든 염려와 두려움을 버려라. 내가 너를 인도하며 주시하리니, 이는 내 약속이라.

SEPTEMBER 9.18

보호의 그늘

Dwell There

아버지와 너만 알고 있는 곳, 너무도 은밀하여 세상의 어떤 힘도 찾을 수 없는 곳에 거하라.

"지존자의 은밀한 곳에 거하는 자는 전능하신 자의 그늘 아래 거하리로다"(시 91:1).

사랑하는 자녀들아, 그곳에 거하라. 변덕스럽게 방문하지 말고 그곳에서 살아라. 그곳을 네 집으로, 네 처소로 삼아라. 내가 그 집 위에 안식의 그늘을 드리워 두 배로 안전하고 은밀하게 하리라. 암탉이 날개 아래 새끼를 품듯 그 그늘이 안식을 주리니 그곳에 거하면 정말 안전하다고 느끼리라.

두려움이 너를 공격하고 근심이 괴롭히는 까닭은, 네가 위태롭게 보호의 그늘에서 벗어났기 때문이라. 그때 네가 할 일이 무엇이겠느냐? 보호의 그늘로 다시 들어가 쉬는 것이 아니겠느냐? 그곳에 거하라.

SEPTEMBER 9.19

충만한 기쁨
Full Joy

"내가 이것을 너희에게 이름은 내 기쁨이 너희 안에 있어 너희 기쁨을 충만하게 하려 함이니라"(요 15:11).

내가 너에게 진리를 주고 가르치는 것이 넘치는 기쁨을 주기 위함임을 잊지 말라. 네 삶에서 기쁨을 찾아라. 숨겨진 보화를 찾는 것처럼 기쁨을 찾아라. 사랑하고 웃어라. 네 주 안에서 기뻐하라.

나는 네가 충만한 기쁨이 넘치기를 바라노라. 네가 충만한 기쁨을 얻도록 미리 준비해놓았느니라. 물론 네가 일상의 삶에서 내 가르침대로 살았다면 이미 충만한 기쁨을 맛보고도 남았으리라.

SEPTEMBER 9.20

하나님은 선하시다
Taste and Trust

"너희는 여호와의 선하심을 맛보아 알지어다"(시 34:8).

하나님은 선하시니 신뢰하라. 모든 것이 잘되리라 확신하라. "하나님은 선하시다!"라고 계속 말하라. 오직 하나님만이 선하시다는 것을 확신하고 현재와 미래를 하나님 손에 맡겨라. 하나님께서는 혼돈으로부터 질서를, 악으로부터 선을, 불안으로부터 평화를 가져올 수 있느니라. 하나님은 선하시니라.

나와 아버지는 하나이니라. 선을 행하려는 마음으로 하나이니라. 하나님께 선을 행하는 것은 하나님의 선하심을 자녀들에게 나눠주는 것을 뜻하노라. 하나님은 선하시니 자신의 선하심과 선한 것들을 자녀에게 나눠주기를 원하시느니라.

아무것도 두려워하지 말고 하나님을 신뢰하라.

SEPTEMBER 9.21

아버지를 보라
See the Father

"주여 아버지를 우리에게 보여주옵소서 그리하면 족하겠나이다"(요 14:8).

자녀들아! 오랜 시간 너와 함께했지만 네가 아직 아버지를 알지 못하는구나! 네 아버지는 하나님이요 우주를 통치하시는 전능자이지만 또한 나와 같은 분이라. 따라서 네가 내 안에서 본 모든 사랑과 능력과 아름다움이 아버지에게도 있느니라.

네가 이를 깨닫고 아버지와 나를 있는 그대로 알게 된다면 그것으로 족하리라. 그것만으로도 네 삶이 온전해지리라. 지금 네게 필요한 것이 바로 그것이라.

아버지를 보고 또 나를 보아라. 그리하면 족하리라. 사랑과 기쁨이 넘쳐날 것이라. 지금 네게 필요한 것이 바로 그것이라.

SEPTEMBER 9.22

기쁨의 표시
Joy-Tribute

기뻐하는 심령으로 나를 경배하라. 내 이름을 노래하고 찬미하라. 찬양은 인간이 나에게 바치는 기쁨의 표현이라. 찬양할 때 짜릿한 기쁨의 전율이 넘실거릴 것이며, 천군천사의 기쁨을 너도 조금 맛볼 수 있으리라.

SEPTEMBER 9.23

나를 향해 돌아서라
Turn Again

"하나님을 가까이하라 그리하면 너희를 가까이하시리라"(약 4:8).

나를 향해 돌아서는 영혼만이 내가 가까이 있다는 것을 의식할 수 있느니라. 이것이 영적 삶의 법칙이니라. 감사를 드리기 위해 기쁨으로 돌아서든 연약함을 호소하려고 돌아서든지 간에 나를 향해 돌아서라. 어떤 상황에 놓이든지 반드시 연마해야 하는 훈련이 바로 이것이니라.

이 무언의 호소는 실로 강력하여 다른 어떤 것도 필요하지 않으니 네 갈망을 말하지 않아도, 필요를 간청하지 않아도, 예물을 바치지 않아도 나를 향해 돌아서서 단순히 도움을 요청하는 그 순간에 이 모든 것이 즉시 임하리라.

나의 도움뿐 아니라 위로와 기쁨과 교제와 삶의 달콤함과 확신과 평화를 불러오는 친밀함도 임하리라. 그러니 아무것도 두려워하지 말고 용기를 내라. 나를 가까이하라.

네가 필요로 하는 모든 것이 바로 나에게 있느니라. 오직 나만이 네 상황과 삶 자체를 변화시켜 조화와 아름다움과 평화와 사랑을 가져올 수 있느니라.

SEPTEMBER 9.24

나에게 배워라

Learn of Me

"주여 영생의 말씀이 계시매 우리가 뉘게로 가오리이까"(요 6:68).

오직 나에게 배워라. 네 선생들은 나에게로 향하는 길을 가르쳐, 위대한 스승인 나를 받아들이게 할 뿐이라. 영생의 말씀은 네 존재, 심지어 이생의 삶까지도 다스리는 말씀이니라. 나에게 영생의 말씀을 배워라. 두려워하지 말라. 내 안에 거하라. 나의 다스림을 받아들여라.

감사의 마음으로 충만해져라. 네 기도에 찬양의 날개를 달아 하늘로 올려라. 내 계획에 따라 펼쳐지는 모든 일을 기쁨과 감사로 받아들여라. 내가 사랑으로 모든 것을 예비하였으니 모든 것이 잘될 것이라. 기쁨으로 노래하라.

SEPTEMBER 9.25

와서 머물러라
Come and Stay

"수고하고 무거운 짐 진 자들아 다 내게로 오라 내가 너희를 쉬게 하리라"(마 11:28).

내 곁에 와서 쉬어라! 내 곁에 머물면서 쉬어라! 모든 경솔한 행동을 멈추고 고요히 평온하게 머물러라. 기도 응답을 받기 위함만이 아니라 내 곁에 있기 위해 나에게 오라.

나의 도움을 확신하라. 내 임재를 의식하라. 네 영혼이 내가 주는 쉼으로 가득 채워질 때까지 기다려라. 내가 주는 쉼은 두려움이나 부족함을 모르느니라. 내가 주는 쉼은 온화한 숲과 고요히 흐르는 강과 요동치 않는 언덕과도 같아 강하고 안전하니 내게 오라! 쉼을 얻어라. 그저 나에게 오기만 하면 쉼을 얻으리니 내게 와 머물러라!

SEPTEMBER 9.26

모든 이들을 섬겨라
Serve All

"나는 섬기는 자로 너희 중에 있노라"(눅 22:27).

모든 이들을 섬겨라. 섬김으로 네가 나의 자녀임을 증명하라. 만나는 모든 사람을 네 아버지께서 보내신 손님으로 여겨 사랑과 배려와 친절로 대하라. 모든 사람의 종이 되어라. 네가 하지 못할 만큼 천한 일은 없느니라.

섬겨라! 섬겨라! 섬겨라!

섬김에는 기쁨이 따르느니라. 내 뜻을 따라 다른 사람들을 섬기고 또 내가 가진 모든 선한 것을 다른 사람들에게 나타내면 말할 수 없는 기쁨이 따르느니라.

네가 다른 사람들을 섬길 때, 네 주인이요 주님인 나를 위해 일하는 것(마 20:28)임을 기억하라. 내가 열두 제자의 발을 씻기지 않았더냐? 다른 사람을 섬기는 것이 나를 사랑한다는 증거이니라.

SEPTEMBER 9.27

내가 기다리는 까닭
Divine Restraint

내 손이 짧아 너를 구하지 못하는 것이냐? 그렇지 않노라. 내 구원의 능력은 네가 그 능력을 깨닫는 정도에 따라 커지느니라. 이렇게 우리 둘이 연합하여 권능에서 권능으로, 능력에서 능력으로 나아가는 것이라.

이적을 일으키는 내 능력이 우주에서는 제한을 받지 않으나 네 삶에서는 제한을 받나니 네가 내 능력을 깨닫지 못하는 것에 비례하여 제한을 받느니라. 나의 능력에는 제한이 없으니 너를 돕고자 하는 갈망에도 제한이 없느니라. 나의 손은 결코 짧지 않으니 지금도 네가 축복하고 도와달라고 부르짖기만을 기다리고 갈망하노라.

내가 네 영혼의 권리를 얼마나 온유하게 존중하는지 생각해 보라. 나는 내 도움이나 구원을 결코 강요하지 않노라. 내가 너로 인해 당하는 고난 가운데 힘든 것이 있다면, 네 영혼의 울부짖음이 나에게 행할 권리를 부여할 때까지 너를 도우려는 갈망과 조급함을 억제하는 것이 아닐까 하노라.

　내가 이처럼 조바심을 누르며 기다리는 까닭이 너를 지극히 사랑하기 때문임을 알고 있느냐? 지금 즉시 나의 도움과 안내와 이적의 능력을 요구하여 사랑과 갈망으로 기다리는 나의 마음을 위로하라!

SEPTEMBER 9.28

성스럽고 비밀스러운 길
The Secret Path

나는 나를 따르는 모든 자녀들과 '인간의 삶'을 나누기 위해 인생의 온갖 어려움과 고초를 받아들였으며, 이를 토대로 3년간의 지상사역을 하였노라.

이처럼 너도 인생의 고초와 고난을 받아들이되, 필연적인 운명이 아니라 전에 내가 그랬듯이 다른 이들의 본보기가 되기 위해, 다른 이들의 고난과 어려움을 나누기 위해 받아들여야 하느니라.

여기서 '나누다'(to share)라는 말은 '구원하다'(to save)라는 의미가 있느니라. 그리고 네가 그렇게 할 때, 그 옛날 내가 당했던 것처럼 "저가 남은 구원하였으되 자기는 구원할 수 없도다"(막 15:31)라는 놀림을 당하리라.

사랑하는 자녀들아! 너는 다른 이들의 고통을 나누고 그들을 구원하기 위해 매우 특별한 부름을 받았느니라. 네가 나와 함께 걷고 있어도 '간고를 많이 겪은 사람'(사 53:3)처럼 슬픔의 길을 가고 있노라. 그 길은 내가 가장 아끼는 가까운 자녀들, 곧 모든 일을 오직 나를 위해 하기를 소망하며 나를 위해 어떤 희생도 마다하지 않는 내 종 바울이 그랬던 것처럼, 무엇이든지 내게 유익한 것을 그리스도를 위하여 다 해로 여기는(빌 3:7) 자녀들을 위해 비밀리에 준비한 길이라.

그 길은 멀리서 바라보는 사람에게는 황량하고 음침하게 느껴지지만, 인생의 다른 어떤 길에서도 만날 수 없는 따스한 빛과 쉴 만한 그늘이 있노라.

SEPTEMBER 9.29

내 어루만짐의 능력을 약속하노라
I Touch Your Arm

내 앞에서 잠잠하라. 네 머리에 안수할 것이며, 치유와 능력의 손길을 통해 내 영이 네 안으로 흘러들어가게 하리라. 그것을 느낄 때까지 내 앞에서 침묵하며 기다려라.

나의 인도함을 구하며 바라볼 때, 네 팔을 어루만져 길을 보이리라. 정신적, 영적, 육신의 연약함으로 부르짖으며 치유를 구할 때, 너를 어루만져 치유할 것이며 원기를 북돋아 산에 오를 힘을 줄 것이라. 내 길에서 쇠약해지고 비틀거려 힘이 다할 때면 너를 강한 손으로 어루만져 그 길에서 벗어나지 않게 하리라.

자녀들아! 나의 어루만짐의 능력은 예전 그대로이니라. 네게도 내 어루만짐의 능력을 약속하겠노라. 그러니 아무것도 두려워하지 말고 담대히 앞으로 나아가라.

SEPTEMBER 9.30

지혜를 구하라
Wisdom

사는 날 동안 날마다 힘을 주리라. 내가 약속하노라. 아무것도 두려워하지 말라. 매일의 어려움을 감당할 힘과 지혜를 주리니 용맹스럽게 나아가라.

내 힘과 지혜를 요구하라. 내가 이 약속을 지키리니 믿어라. 의심하지 말라. 나는 이 우주에서 내 자녀들에게 사명을 맡길 때마다 그 사명을 완수하는 데 필요한 모든 것을 공급하노라. 그러므로 두려워하지 말라. 조금도 의심하지 말라.

OCTOBER

너는 다만 주를 바라라

OCTOBER 10.1

번영의 비밀
Secret of Prosperity

다른 데서 구원을 찾지 말라. 오직 나를 찾으면 구원을 얻으리라. 오직 나만을 네 유일한 공급자로 여겨라. 이것이 바로 번영의 비밀이니, 네 영혼이 번영할 때 많은 이들을 궁핍과 좌절에서 구할 수 있으리라.

무엇이 위협하든지, 무엇을 소망하든지, 무엇이 필요하든지 오직 나만 바라보라. 내 창고에 와서 모든 것을 요구하라! 내가 하늘에서 만나를 내려 이스라엘 백성들을 먹였으며, 그들을 위해 홍해를 갈라 길을 냈으며, 궁핍과 어려움과 시련의 광야를 지나도록 인도했으며, 젖과 꿀이 흐르는 약속의 땅으로 이끌었음을 기억하라. 나를 신뢰하라. 나의 인도를 받아라.

너는 지금 광야 같은 길을 지나고 있으나 기뻐하라. 내가 젖과 꿀이 흐르는 가나안 땅으로 인도하고 있기 때문이라.

"땅 끝의 모든 백성아 나를 앙망하라 그리하면 구원을 얻으리라"(사 45:22).

OCTOBER 10.2

온유함의 참뜻
True Meekness

내가 소망하는 대로 네가 순복하니 너를 이끌고 인도하기가 무척 수월하구나! 인생의 아픔은 내 손길을 거부하고 제 길로 가려고 고집할 때만 오느니라. 그러나 내 뜻 행하기를 즐거워하는 자는 기쁨으로 충만할 것이며, 온유한 자는 땅을 기업으로 받을 것이라(마 5:5). 땅을 기업으로 받는다는 말은 다른 사람들과 물질적인 힘을 다스린다는 뜻이니라.

그렇지만 이런 귀한 소유는 네 의지를 나에게 굴복시킬 때만 나오는 결과이니라. 이것이 바로 '온유'의 참뜻이니라. 온유한 삶을 살아 승리하라!

OCTOBER 10.3

내 안에서 쉬어라

Blessed Assurance

너는 가만히 있어 내가 하나님임을 알라(시 46:10). 네 영혼이 이 같은 고요함을 얻을 때만 참된 일을 할 수 있으며, 영혼과 육신이 강성하여 인내하고 승리할 수 있으리라.

"의의 공효는 화평이요 의의 결과는 영원한 평안과 안전이라"(사 32:17).

의의 열매는 평화니라. 나와 함께 살면 평화뿐만 아니라 영원한 안전도 얻을 것이라. 안전은 나의 약속과 구원과 보호의 능력에 대한 깊은 확신에서 비롯된 고요함이니 이 고요함을 얻으라. 아무리 비싼 대가를 치르더라도 이 고요함을 유지하라.

내 안에서 쉬어라. 내 안에서 살아라. 고요하고 평온한 마음을 가져라.

OCTOBER 10.4

흠모할 만한 아름다운 것
All You Desire

"고운 모양도 없고 풍채도 없은즉 우리의 보기에 흠모할 만한 아름다운 것이 없도다"(사 53:2).

자녀들아! 내 종 이사야가 내 영의 인도를 받는 자들이라야 알 수 있는 놀라운 깨달음에 관해 말하였구나! 나를 잘 모르거나 대강 아는 자들은 내 안에서 흥미롭거나 흠모할 만한 부분을 찾지 못하느니라.

그러나 자녀들아! 내 곁으로 더 가까이 오라. 나의 참모습을 보아라. 그리하면 흠모할 만한 모든 것을 발견하는 기쁨을 맛보리라. 네 주인이며 주님이자 친구인 내 안에 네가 흠모할 만한 모든 것이 충만하게 있노라.

OCTOBER 10.5

고난은 자녀됨의 증거라
No Chance Meetings

"여호와께서 너의 출입을 지금부터 영원까지 지키시리로다" (시 121:8).

나는 너의 출입과 모든 움직임을 감찰하고 있노라. 너를 찾는 모든 방문자들은 내가 축복한 사람들이요, 너를 향하는 모든 발걸음은 내가 정한 것이라. 누구를 만나 무슨 일을 하든지 내가 축복하리라. 우연한 만남은 없으니 모든 것이 다 내가 계획하고 축복한 것이라. 어려움에 처한 너의 현재만이 아니라 영원까지 그러하리라.

내 영의 인도를 받는 것이 자녀됨의 증거이니 무릇 하나님의 영으로 인도함을 받는 자들은 하나님의 자녀이니라(롬 8:14). 그리고 하나님의 자녀면 하나님의 후사니 하나님의 후사는 상속권을 박탈당할 일이 절대 없느니라.

"자녀이면 또한 후사 곧 하나님의 후사요 그리스도와 함께 한 후사니 우리가 그와 함께 영광을 받기 위하여 고난도 함께

받아야 될 것이니라" (롬 8:17).

네 고난에는 분명한 목적이 있느니라. 그것은 자녀됨의 증거라. 그것이 너를 온전한 성품으로 이끌 것이며, 나와 연합하는 곳으로, 하나님과 연합하는 곳으로 이끌리라. 이 기쁨이 어떤는지 묵상하라. 그리고 그 환희에 흠뻑 젖어보라.

OCTOBER 10.6

내가 너를 실망시키겠느냐?
A Child's Hand

매달려라! 네 믿음이 보답을 받으리라. 어린아이가 네 손을 꼭 쥘 때, 잡은 손에서 전해지는 신뢰와 확신의 마음을 느끼느냐? 그때 그 아이를 보호하고자 하는 사랑과 욕구가 샘솟지 않더냐? 의지할 곳 없는 네가 나에게 매달리며 내 사랑과 보호를 갈망할 때, 내 마음이 어떨는지 생각해보라.

연약하고 불완전한 인간일지라도 제 손을 꼭 쥐는 아이의 손을 뿌리치지 않거늘 하물며 나일까보냐? 내가 너를 실망시키겠느냐? 그럴 수 없느니라. 의심하지 말라. 모든 일이 잘되리라 확신하라. 내가 하지 못할 일, 일으키지 못할 이적은 없노라. 나는 마지막 고비에서도 능히 너를 구하느니라.

OCTOBER 10.7

약할 때 기뻐하라
Rejoice at Weakness

그렇도다. 나는 모든 것을 알고 있느니라. 자비를 구하는 부르짖음, 곤한 탄식, 도움을 구하는 간청, 실패로 인한 슬픔, 연약함 그 모든 것을 알고 있노라.

끝까지 너와 함께하리라. 나의 힘이 네 것이니라. 긍휼히 여기는 나의 마음이 네 것이라.

자녀들아! 약할 때 기뻐하라. 내 능력이 약한 데서 온전해지느니라(고후 12:9). 네가 약할 때, 너를 돕고 치유하고 보호하는 내 힘은 더 강해지느니라.

나를 신뢰하라! 나는 모든 것을 알고 있노라. 내가 네 옆에 있노라. 내 힘은 강하니라. 내 사랑을 의지하라. 모든 것이 잘되리라 확신하라.

OCTOBER 10.8

나를 생각하라, 내게 말하라
The Dark Places

생각만 해도 기쁨과 희열이 가슴을 채울 만큼 나를 사랑하라. 내게 가까이 오라. '나를 생각하는 것'이 모든 슬픔을 치유하는 향유이니라. 나를 생각하면, 내게 말하면 네 육신과 정신과 영의 모든 질병이 깨끗해지리라.

네 마음에 의심과 두려움이 있느냐? 그렇다면 나를 생각하라, 내게 말하라. 세상의 모든 기쁨을 능가하는 달콤한 기쁨이 네 심령과 존재로 흘러들어 두려움과 의심을 대신할 것이라. 내 입 밖으로 나온 말은 결코 헛되이 돌아가지 않으니 절대 의심하지 말라. 용기를 내라! 아무것도 두려워하지 말라. 가장 어두운 곳에서도 기뻐하라!

OCTOBER 10.9

더욱 사랑하게 하소서

Love Me More

네가 구세주를 향한 죄인의 사랑, 구조자를 향한 난민의 사랑, 사랑의 목자를 향한 어린양의 사랑, 아버지를 향한 아이의 사랑으로 너 자신을 내게 동여맸으니, 그 사랑의 끈으로 너를 이끌어 내게 더욱더 가까이 오게 하리라.

네가 기쁨과 슬픔과 어려움과 성공과 역경과 평탄과 위험과 안전과 삶의 모든 체험 속에서 특별히 한 가지를 더 요구하는 것을 아노라. "주님을 더욱더 사랑하게 하소서!"라는 네 끈질긴 기도에 내가 반드시 응답하리라.

OCTOBER 10.10

네 종에게 바라듯
Extra Work

나는 너를 돕는 하나님이라. 네가 구한 모든 축복이 지금 걷고 있는 이 길의 끝에 놓여 있노라. 내가 너를 인도하고 있음을 믿어라. 의심하지 말라. 알 수 없는 하루하루의 길을 신뢰하는 마음으로 힘차게 걸어라.

너는 내 종이라. 너에게 종이 있다면 그 종에게 무엇을 바라겠느냐? 기꺼이, 순전하고 유쾌하게 너를 섬기기를 바라지 않겠느냐? 나도 너에게 똑같은 것을 바라느니라. 그렇게 나를 섬겨라.

네 종이 못 다한 일을 회피할 때, 마음에 들지 않는 일은 하지 않겠다고 불평할 때, 그 종을 꾸짖지 않겠느냐? 그 종이 너를 신실하게 섬기고 있다고 생각하겠느냐? 너도 그럴진대 나는 어떠하겠느냐? 너도 나를 종종 그런 식으로 섬기고 있는 것은 아닌지 잘 생각해보라. 이를 마음에 새기고 네 자신을 살펴라!

OCTOBER 10.11

내게 오기 위한 순서

Shame and Distress

"내가 여호와를 항상 송축함이여 그를 송축함이 내 입에 계속하리로다 … 내가 여호와께 구하매 내게 응답하시고 내 모든 두려움에서 나를 건지셨도다 저희가 주를 앙망하고 광채를 입었으니 그 얼굴이 영영히 부끄럽지 아니하리로다"(시 34:1,4,5).

네가 첫째로 고민해야 할 것은 찬양이라. 괴로움이 압도하는 것처럼 보일지라도 울부짖기 전에 찬양하라. 이것이 내게 오기 위한 순서이니라. 언제나 이 순서를 지켜라! 괴로움이 극심할수록 감사할 이유들을 찾아 찬양하라. 이런 방법으로 나와 교통하는 길을 닦아라. 그런 다음 그 길을 걸으며 울부짖어라.

그런 뒤에야 내가 너를 건진다는 것을 확실히 알 수 있으리라. 기뻐하라! 그런 식으로 나를 바라보면 부끄러움과 괴로움의 짐이 스르르 풀려 가벼워지리라. 이런 일은 언제나 나의 마음에 합한 사람에게 일어나느니라.

OCTOBER 10.12

작은 일에 충성하라
You Are My Joy

"저희는 아버지의 것이었는데 내게 주셨으며 저희는 아버지의 말씀을 지키었나이다"(요 17:6).

네가 나 때문에 하나님께 감사하는 것처럼 나 또한 너를 선물로 주신 하나님께 감사한다는 것을 기억하라. 내가 땅에서 고뇌했을 때, 그 고통 가운데서도 오싹한 기쁨의 전율을 맛보았느니라. 내 말대로 행한 영혼, 아버지께서 내게 주신 영혼들을 생각했기 때문이었노라.

내가 고뇌할 당시에는 그렇지 않았지만, 그들은 나중에 내 이름으로, 내 이름을 위해 대단한 일을 행했느니라. 단지 그들은 내 말을 듣는 데서 그치지 않고 일상에서 행했노라.

너도 그들처럼 그저 신실하게 섬김으로 나를 기쁘게 할 수 있으니 작은 일에 충성하라. 아무리 작은 일이라도 내가 말한 대로 행하라.

OCTOBER 10.13

큰 믿음
The Sculptor's Skill

찬양의 길을 걸어라. 너의 믿음 없음을 도우리라. 네 기도에 응답하여 큰 믿음을 허락하리라. 어제를 돌아볼 때, 어제의 믿음이 불신앙으로 느껴질 정도의 큰 믿음을 날마다 허락하리라. 날마다 좀 더 넓은 시야를 허락하리라.

내 나라의 아름다움은 성장에 있노라. 내 나라에는 언제나 권능에서 권능으로, 영광에서 영광으로 나아가는 진보가 있느니라. 내 나라 안에 거하라. 내 나라에 속한 백성이 되어라. 그리하면 침체를 모르리라. 내 나라 안에 있는 백성, 내 나라에 속한 백성들에게는 영원한 생명과 풍성한 생명이 약속되어 있노라.

과거의 실패나 자신의 결점에 매달려 시간을 허비하지 말라. 거기에서 얻은 교훈을 헤아려보고 사다리의 가로대로 여겨 딛고 올라서라. 그리고 그것들이 무엇으로 만들어졌는지에 대한 생각들은 던져버려라. 가로대가 기쁨이나 슬픔, 성공이나 실패, 상처나 치유의 향유로 만들어졌든 간에 가로대로서 기능을 다하기만 하면 그만 아니겠느냐?

이 또한 배워라. 조각가는 흠이 있는 대리석을 발견하면 버리느니라. 그 대리석이 자기를 완벽하게 여기고 또 조각가가 열심히 쪼고 있는 다른 대리석을 조롱할지라도 그것으로는 아무것도 만들 수 없기 때문이라. 자녀들아! 이로부터 삶의 교훈을 배워라.

OCTOBER 10.14

내 희생을 무효로 하지 말라
The Sacrifice

"보라 세상 죄를 지고 가는 하나님의 어린양이로다"(요 1:29).

나는 하나님의 어린양이로다. 너의 죄와 실패와 결점을 내 앞에 내려놓아라. 내 희생이 모든 것을 다 갚았느니라. 나는 하나님과 인간 사이에 있는 중보자 예수 그리스도이니라.

"우리의 유월절 양 곧 그리스도께서 희생이 되셨느니라"(고전 5:7).

과거에 연연하지 말라. 그리하면 내 희생이 무효가 되리라. 네가 내 안에 있을 때 완벽한 용서, 완벽한 교제, 완벽한 치유, 모든 것을 다 가질 수 있음을 깨달아라.

OCTOBER 10.15

풍성함을 만끽하라
Feel Plenty

내 은밀한 곳에 거하면 충만한 만족을 느끼리라. 풍성함을 만끽하라. 하나님의 창고는 가득 차 넘치지만 네 마음에서 먼저 보아야 하느니라. 하나님의 창고에 있는 것들이 네 환경에서 물질적인 형태로 나타나는 것을 보기 원한다면 이것을 먼저 확신하라.

나와 함께하면 부족함이 없다는 것을 확신하라. 너 자신을 왕의 자녀로 여겨라. 너를 위한 것과 네가 보살피고 돕기 원하는 사람들을 위한 것들이 풍성함을 잊지 말라.

OCTOBER 10.16

네 안의 능력을 발휘하라
The Imprisoned God

찬양하라! 아무리 힘든 상황에 놓이더라도 슬픔을 기쁨으로, 초조함을 찬양으로 바꾸는 순간 네 환경이 혼란에서 질서로, 혼돈에서 평온함으로 변화되리라.

모든 변화는 너 자신에게서 시작되노라. 아무리 제약된 환경에 있으며 경제 해결 능력이 미약할지라도 너 자신을 돌아볼 수는 있으리니 바로잡히지 않은 것들을 찾아내 고치도록 노력하라.

모름지기 변화라는 것은 안에서 밖으로 향하는 법이니 그때 너의 외적 환경들도 개선되는 것을 목격하리라. 이렇게 하는 것이 네 안에 갇힌 하나님의 능력을 푸는 것이라.

일단 이 능력이 발휘되면 즉시 이적을 행하리라. 그리고 그때 네 애통함이 진정한 기쁨으로 바뀌느니라.

OCTOBER 10.17

믿음의 시각
Faith-Vision

눈을 들어 나를 보라. 암울한 세상, 아름답지 않은 것들, 너 자신과 주변 사람들의 불완전함에서 눈을 돌려 나를 보라. 그러면 모든 것을 믿음의 시각으로 바라보며 내 안에서 소망을 가질 수 있으리라.

불안할 때 나의 평안과 안식을 바라보라. 안절부절못할 때 나의 불굴의 인내를 바라보라. 부족함과 한계를 느낄 때 나의 온전함을 바라보라.

나를 바라보면 나를 닮게 되리니 사람들이 너를 가리켜 "저 사람은 예수와 함께하는 자로다!"라고 말하리라. 나를 닮을 때 내가 하는 일들을 할 것이며 그보다 더 큰 일도 하리라. 네가 인간의 한계에 제약받지 않는 그곳에 거할 때, 네 친구요 주인인 나의 능력, 곧 모든 것을 정복하는 능력과 모든 이적을 일으키는 능력을 부여하리라.

OCTOBER 10.18

두 가지 교훈
Loneliness

"제자들이 다 예수를 버리고 도망하니라"(막 14:50).

나는 땅에 있을 때 홀로 버려져 외로움을 겪었으나 내 자녀들이 순전한 마음으로 변함없이 헌신하고 어려움 가운데서도 순종하고 사랑으로 봉사할 때, 그 모든 것을 나의 외로움에 대한 보상으로 여겼느니라.

나는 지금도 '버림받는 것'이 무엇인지 알고 있노라. 나는 인간을 구원하기를 갈망하나 그들이 내 마음과 뜻을 깨닫지 못해 거부하고 있기 때문이라.

자녀들아! 여기서 두 가지 교훈을 배워라.

첫째는, 외로움과 버려짐과 홀로 남겨짐이 무엇을 뜻하는지 내가 잘 알고 있다는 것이라.

둘째는, 네 모든 신실한 행위가 내 마음을 위로한다는 것이라. 또한 나의 메시지를 인간에게 전달하는 임무를 '버려진 자들'에게 주었노니 이것을 배워라. 그 가련한 자들에게 나의 치유의 능력과 생명을 일으키는 능력을 주었음을 알라.

　나는 내 나라의 큰일에, 세상에서 성공한 자들을 좀처럼 사용하지 않느니라. 그들은 다 나를 버리고 도망하기 때문이라. 내가 인간의 연약함을 이해하고 인정한다는 것을 배워라. 실패해보지 않은 자는 진정한 겸손을 배우지 못하느니라. 오직 겸손한 자만이 땅을 기업으로 받으리라.

OCTOBER 10.19

내 응답을 경청하라
Hear My Answer

나는 네 울부짖음을 절대 무시하지 않노라. 하나님이 네 울부짖음을 듣지 않는 일은 결코 있을 수 없느니라. 다만 네가 하나님의 응답을 듣지 못할 뿐이라! 기계의 부속품들이 서로 맞물려 완벽한 조화를 이루며 작동하는 것처럼 인간의 부르짖음과 하나님의 응답도 그러하니라.

그러나 너는 하나님의 응답이 영원 속에서 네 부르짖음을 기다리고 있음을 알지 못하는구나. 단지 네가 주목하지 않고 경청하지 않아 하나님의 응답을 알아차리지도, 도움을 받지도 못한다는 것을 깨닫지 못하는구나. 네 부르짖음을 하나님께서 들을 수도 있고 듣지 않을 수도 있다고 생각하는구나.

하나님이 네 울부짖음을 듣지 않는 일은 결코 없으니 내 응답을 경청하라!

OCTOBER 10.20

하나님의 인도하심을 받는 열쇠
No Burden Irks

순전한 마음으로 내 뜻을 받아들이는 것이 나의 인도를 받는 열쇠이니라. 그것이 성결함과 행복을 낳노라. 십자가의 길은 고난의 길이지만, 그 발치에 이를 때 죄의 짐과 세상에 두었던 헛된 소망의 짐이 벗겨져 멀리 굴러가느니라.

나는 범사에 아버지의 뜻을 받아들여 멍에를 메었노라. 그 멍에는 내 종들의 어깨에 맞춰진 것이기도 하니, 멍에를 메는 순간 그 어떤 짐도 너를 괴롭히거나 짓누르지 못할 것이라(마 11:29,30).

그러나 인생의 중대한 결정을 내릴 때만 나의 뜻을 반기지 말고 아주 작고 사소한 일에서도 내 뜻을 이루도록 하라. 내 뜻을 감사로 받아들여라. 그것을 습관으로 삼으면 거기에서 나오는 기쁨이 네 삶을 변모시키고 변화시키리라.

OCTOBER 10.21

사랑의 식사

A Love Feast

자녀들아! 네 심령이 나를 갈망하기에 문을 두드리는 것이지 너에게 무슨 공적이 있기 때문이 아니니라. 거듭 말하지만 네게 무슨 공적이 있어서 네 마음 문을 두드리는 것이 결코 아니라.

"볼지어다 내가 문 밖에 서서 두드리노니 누구든지 내 음성을 듣고"(계 3:20).

듣는 귀를 닫지 말라! 너는 내 음성을 들어라! 단지 나의 음성을 듣기 위해, 나의 부드러운 노크 소리를 듣기 위해 귀를 기울여라.

그리고 "누구든지 내 음성을 듣고 문을 열면 내가 그에게로 들어가 그로 더불어 먹고 그는 나로 더불어 먹으리라!"(계 3:20)라는 나의 말을 들어라! 이보다 귀한 식사가 있겠느냐?

아마 너는 가나의 혼인 잔치(요 2:1-10)에 참석했거나 열두 제자 중 하나가 되어 마지막 만찬(요 13:1-30)을 나와 함께 했거나 엠마오로 향하는 두 제자(눅 24:13-32) 중 하나였거나 호숫가에서 아침을 먹은 제자들(요 21:1-14) 중 하나였다면 무척 기뻤으리라 생각할 것이라.

　물론 이 모든 식사가 하나님이 베푸시고 동석하신 식사이니라. 그러나 그 어느 식사에서도 나의 노크 소리와 음성을 듣고 문을 열어 하나님의 양식을 먹는 식사, 곧 내가 베푸는 가장 친밀한 사랑과 교제의 식사에 주인공으로 초청받았을 때 맛보는 환희와 희열을 맛보지는 못하리라.

OCTOBER 10.22

영혼의 집
Home-Building

너는 지금 요동치 않는 믿음을 쌓고 있느니라. 네 영혼의 고요한 곳에 지금 당장 가구를 들여놓아라.

조화롭고 선하고 아름답고 지속적인 것으로 가득 채워라. 네 영혼의 집을 꾸며라.

OCTOBER 10.23

끝까지 신뢰하라
Hill of Sacrifice

끝까지 신뢰하라. 마지막 순간까지 신뢰를 잃지 말라. 눈에 보이는 것이 없어도 신뢰하라. 내 종 아브라함처럼 희생의 언덕에 오를 준비를 하라. 마지막 순간까지 기꺼이 신뢰할 준비를 하라. 그러면 나의 건짐을 체험하리라.

믿음으로 걷는 내 자녀들이 마지막 시험을 치러야 하리니 오직 나만 의지하라. 다른 팔, 다른 도움을 구하지 말라. 보이지 않는 곳에 있는 내 영의 힘을 신뢰하라. 나를 신뢰하라. 아무것도 두려워하지 말라.

OCTOBER 10.24

나의 보호

Salt of Earth

"너희가… 하나님의 능력으로 보호하심을 입었나니"(벧전 1:5).

이는 믿는 영혼들에게 기쁨과 아름다움을 주는 나의 약속이며 보증이라. 나의 보호는 안전과 안위를 뜻하는 놀라운 것이라. 또한 나의 보호는 정결, 경건, 세속에 물들지 아니하는 것(약 1:27)이라는 의미를 담고 있노라. 내가 세상의 소금이라 일컫은 자녀들에게 보증하는 보호도 있느니라.

"너희는 세상의 소금이니 소금이 만일 그 맛을 잃으면 무엇으로 짜게 하리요 후에는 아무 쓸 데 없어 다만 밖에 버리워 사람에게 밟힐 뿐이니라"(마 5:13).

소금이 오직 나와 가까이할 때만 내 보호의 능력이 실행되나니, 소금을 가장 신선한 상태로 유지하고 세상에서 부패하지 않도록 보호하는 능력이니라. 이 능력은 소금이 짠맛을 잃지 않게 하는 것만으로 일하게 만드는 놀라운 능력이라.

OCTOBER 10.25

자아를 정복하라
No Unemployment

물질적인 것들과 잠깐 있다 사라질 것들을 정복하는 길은 네 육신, 곧 자아의 생명을 정복함으로써 배울 수 있노라. 그러므로 범사에 너 자신을 정복하기를 소망하라. 확실하게 명했으니 반드시 유념하라!

네가 지금 어려운 환경에서 힘들게 지낸다는 것을 잘 알고 있느니라. 그럴수록 자아를 더 정복하기 위해 매일 힘써라. 그러면 당장은 눈에 잘 보이지 않아도, 일시적인 문제들과 압박감까지도 틀림없이 정복하리라.

내 나라에서는 빈둥거리는 시간이 없느니라. 외적인 행위에 관한 한, 고요하게 기도하며 기다리는 것은 정지한 시간처럼 보이지만 내적으로는 부지런히 활동하는 시간이 될 수 있으며 또 그렇게 되어야 하느니라.

OCTOBER 10.26

정말 나를 아프게 하는 것

Deserters

온전히 믿어라. 나는 인간을 사랑함으로써 고통당하느니라. 종종 친구 집에서도 상처를 입기도 하노니(슥 13:6) 내 원수의 침 뱉음과 조롱과 멸시와 욕설이 나를 아프게 할 거라고 생각하느냐? 결코 아니니라.

"제자들이 다 예수를 버리고 도망하니라"(막 14:50).

"내가 그 사람을 알지 못하노라"(마 26:72).

이런 것들이 나에게 상처를 주느니라. 나를 아프게 하는 것은 내 원수들의 불신앙이 아니라 나를 사랑하고 아는 친구들이 나를 '약속을 지킬 만한 능력이 없는 이'로 의심해 끝까지 나와 함께 걷지 못하는 것이니라.

OCTOBER 10.27

사랑의 분투
Days of Conquest

나는 너의 결점이 아니라 사랑의 분투를 보노라. 나는 그것을 너의 특별한 전투 승리로 여기노라. 나는 너의 분투를 위대한 종들이 치러온 전투와 비교하지 않느니라.

네게는 분투하는 것이 곧 승리이니라. 온 하늘이 땅에서 들려오는 승리의 소식을 주목하고 기뻐하는 것처럼 온갖 천사와 너를 사랑하는 자들이 네 분투를 기뻐하노라. 그러니 자녀들아! 네 분투의 날들을 축복의 날들로 여겨라.

OCTOBER 10.28

내 뜻에 굴복하라
Glad Surprises

내 뜻에 굴복하되 호된 주먹질을 당해 곧 쓰러질 것 같은 사람이나 불가피한 결정을 수용하는 사람처럼 하지 말라. 대신 부모가 사랑으로 준비한 선물을 잔뜩 기대하는 어린아이처럼 받아들여라.

고개를 들라는 사랑의 음성이 들리기만을 기다려라. 영광과 기쁨과 경이로움을 목도하게 되기를 기다리며 내 뜻에 굴복하라.

OCTOBER 10.29

돈을 섬기지 말라
Discount Money

돈을 많이 모은 것을 성공으로 여기지 말라. 그 마음은 내 나라에 속한 마음이 아니니라.

    네 성공은 내 뜻과 마음을 주변 사람들에게 얼마나 많이 나타냈느냐 하는 것에 좌우되느니라. 또한 네가 내 뜻을 실천하는 것을 주변 사람들이 얼마나 많이 목격했느냐에 따라 결정되느니라.

OCTOBER 10.30

가장 깨닫기 어려운 교훈
The Hardest Lesson

기다려라! 모든 것이 잘되리라 확신하고 평온히 기다리는 자만이 누릴 수 있는 기쁨을 맛보리라. 마지막 교훈, 가장 깨닫기 어려운 교훈은 기다리라는 교훈이니라. 그러니 기다려라!

네가 모든 것을 내 손에 맡기고 다른 도움을 찾지 않는 순간부터 너를 건져 자유롭게 하기 위해 가장 빠른 길로 내가 왔노라. 요동치 말고 기다려라! 사실 오늘 내가 이르는 말은, "자녀들아! 잠시나마 그 나머지 짐을 지게 하여 미안하구나!"라고 말하는 것과 같으니라.

앞으로 닥칠 불행을 피하기 위해 네가 배워야 할 것들이 아직 많으니라. 그러나 네가 실패의 무덤, 말라죽은 포부의 무덤, 포기한 욕구의 무덤에 서 있을 때에도 너의 진정한 친구인 내가 함께하리니 아무것도 염려하지 말라.

기다리는 시간에 나와의 사귐을 더욱 견고히 하라. 나에 대한 지식을 더욱 증대시켜라.

OCTOBER 10.31

나의 음성
The Voice Again

"주의 말씀은 내 발에 등이요 내 길에 빛이니이다"(시 119:105).

나의 말이 담겨 있는 성경을 읽어라. 네 가슴에 말씀을 새겨라. 등불로 발걸음을 비추듯 그 말씀으로 네 길을 비춰라.

그러나 나의 말은 성경말씀 그 이상이니 그 말이 네 심령, 곧 너의 내적인 의식에 말하는 음성이기 때문이니라. 나의 말은 이 경건한 시간에 친밀하고도 인격적으로 네게 말하는 음성이니라. 그 말씀이 바로 네 주님이요 친구인 나이기 때문이라.

"말씀이 육신이 되어 우리 가운데 거하시매"(요 1:14).

그 말씀, 그 음성, 나야말로 진정 네 발에 등이요 네 길에 빛이니라.

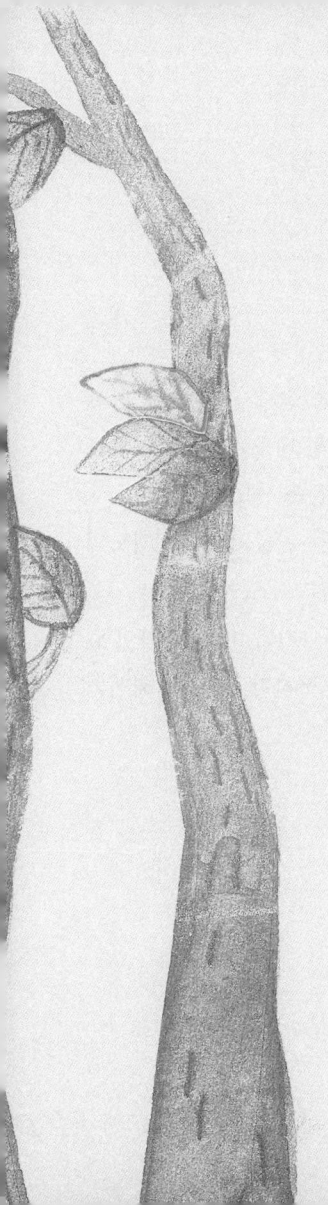

NOVEMBER

무엇이든지 믿음으로 구하면 얻으리라

NOVEMBER 11.1

참된 믿음의 기도
Prayer of Joy

네 기도는 하늘을 향해 높이 솟아오르는 향기가 될 수도, 땅에 붙들려 위로 오르지 못하는 안개처럼 될 수도 있느니라. 모든 것을 보고 들을 수 있는 나는 네 부르짖음을 듣노라.

참된 믿음의 기도는 응답을 확신하는 기쁨의 기도, 기도의 목적지인 나의 사랑을 깨달아 아는 기쁨의 기도이니라.

아무것도 두려워하지 말고 기쁘게 나아가라. 내가 가까이 있다는 것을 확신하는 데서 오는 기쁨을 구하라. 이것이 최선의 기도이니라.

NOVEMBER 11.2

나를 위해 써라
Spend

주어라! 주어라! 주어라!

네 그릇을 항상 비운 상태로 두어라. 그래야만 내가 채우리라. 모든 것을 나를 위해 사용하라. 사용할 수 없는 것들은 주어라.

재물을 남기고 죽는 인간들을 볼 때 내 마음이 심히 안타깝구나. 재물은 나를 위해 쓰라고 주는 것이니 나를 위해 써라! 나를 위해 쓰기를 즐거워하라!

NOVEMBER 11.3

나의 능력에는 제한이 없노라
No Limit

나의 공급에는 제한이 없느니라. 그것이 나의 법이라. 나의 공급에는 제한이 없으나 네 수로가 막혀 있고 심히 좁구나! 나의 능력에 제한이 없음을 진정 느끼고 있느냐?

나의 능력에는 제한이 없으나 네가 쩨쩨한 것만을 구하여 나를 모욕하는구나! 네가 나를 부당하게 대한다는 것을 모르느냐? 나는 크고 놀라운 선물을 주기 원하는데, 네가 하찮고 초라한 것에 만족하니 그것이 나를 욕되게 하는 것이 아니고 무엇이냐?

"무엇이든지 믿고 구하는 것은 다 받으리라"(마 21:22).

이 약속을 이루는 것은 너의 일이 아니라 나의 일이니 의심하지 말고 구하라. 큰 믿음으로 큰 것을 구하라. 그리하면 얻으리라.

NOVEMBER 11.4

네 옆에 있노라
I Am Beside You

"주의 앞에는 기쁨이 충만하고 주의 우편에는 영원한 즐거움이 있나이다"(시 16:11).

인간의 노력으로는 이 충만한 기쁨을 깨달을 수 없으니 헛되이 애쓰지 말라. 이 충만한 기쁨은 땅에 있는 친구를 만났을 때 그 친구와 함께 있는 것을 즐기기 위해 애써서 얻는 기쁨과는 전혀 다른 것이라.

"예수님!" 하고 항상 나의 이름을 불러라.

내 이름을 부른다고 너에게 달려가지 않는 것은 내가 언제나 네 옆에 있기 때문이라. 그러나 내 이름을 부르면 네 눈에서 비늘이 벗겨져 나를 볼 것이라. 내 이름을 부르는 것은 사랑을 담아 내 손을 꼭 잡는 것과 같으니 네가 부르면 나도 손을 맞잡는 것으로 응답하리라. 그러면 기쁨으로 전율하며 나와 아주 가까이 있음을 느끼리라.

NOVEMBER 11.5

재림이 늦어지는 까닭
Second Advent

나를 주와 그리스도로 영접한 자녀들이 내게 쓰임 받기 위해 거리낌 없이 자신을 내놓기만 한다면 세상이 곧 나에게 돌아오리라. 나는 내 자녀들의 육신과 영혼을 강력하게 사용하여 내 사랑과 능력을 나타내는 수로가 되게 할 수 있노라. 나의 재림이 늦어지는 까닭은, 내가 지체시키기 때문이 아니라 내 자녀들이 지체시키기 때문이라.

만약 내 자녀들이 나를 위해, 내 안에서, 내 옆에서 살면서 내가 땅에서 살았을 때 그랬던 것처럼 하나님의 능력과 사랑이 자신들을 통해 온전히 나타나도록 순복했다면 이미 오래 전에 세상이 나에게 돌아왔을 것이며, 내가 내 자녀들을 위해 세상에 왔으리라.

그러니 자녀들아! 다른 마음을 품지 말라. 오직 나를 나타내기 위해, 내 사랑을 세상에 보이기 위해 살라.

NOVEMBER 11.6

그저 자아를 추방하라
God in Action

내 능력은 인간이 얻을 수 없는 불가사의한 힘이 아니니라. 너는 내 능력의 도움을 받을 수 있으며, 위기 때 내 능력을 개입시킬 수 있노라. 하나님이 역사하시는 것, 그것이 바로 내 능력이라. 그러므로 네가 아무리 연약할지라도 하나님께서 네 삶을 통해 역사하시도록 순종하기만 하면 네 모든 일이 능력으로 충만하게 되느니라.

능력이 부족해 아무것도 이루지 못하는 것처럼 보이는 날에 이를 묵상하라. 네 안에서 능력을 행하는 이가 네가 아니라 하나님의 영이라는 것을 깨달아라. 전부터 말했지만 너는 그저 자아를 내쫓기만 하면 되느니라. 네 주인의 손에 있는 강력한 도끼는 많은 일을 할 수 있으나 같은 도끼라도 아이의 손에 있으면 아무 소용이 없느니라. 중요한 것은 도구가 아니라 도구를 휘두르는 손이라. 그것이 차이를 나타내느니라.

이 진리를 깨달아라. 내게 쓰임 받기 위해 너 자신을 내게 맡기기만 하면 순간순간, 하루하루를 허비하지 않으리라. 내가 너를 사용하고 있다는 것이 명확하게 느껴지지 않더라도 너를 내게 맡겨라. 네가 내 안에 거하고 내가 네 안에 거하면 풍성한 열매를 맺으리라(요 15:5). 가지가 열매를 자랑하더라도 이 열매는 가지의 일이 아니니 생명의 수액을 가지에 공급하는 포도나무의 일이라. 나는 포도나무요 너는 가지니라.

NOVEMBER 11.7

내 영을 자유롭게 흐르게 하라
Self Kills Power

나와 함께 거하라. 오직 내 뜻만을 구하며 나의 일만 행하면 나의 영이 네 삶의 수로를 통해 다른 사람의 삶으로 흐르리라.

나의 자녀들이 "제가 하는 일이 미약해 세상에 영향을 끼치지 못합니다"라고 말하는 것을 겸손으로 여기지만, 그것은 사실 교만이니라. 만일 수도관이 "저는 더 많이 쓰임 받기를 바라지만 아무것도 하지 못합니다"라고 말한다면 내가 무어라 대답하겠느냐? "너를 통해 흐르는 것, 다른 사람들을 축복하고 구원하는 것은 네가 아니라 물이니 너는 수로의 막힘 여부를 확인하여 물이 자유롭게 흐르도록 하라"라고 대답하리라.

너의 수로를 막는 유일한 장애물은 자아이니 그 장애물을 제거하여 네 안에서 내 영이 자유롭게 흐르게 하라. 네가 내 영이 거침없이 흐르는 수로가 되면 사람들이 너와 접촉하는 것만으로도 큰 유익을 얻을 것이며, 그들을 돕는 이가 네 삶의 수로를 통해 흐르는 내 영이라는 것을 자연스레 깨달을 것이라.

NOVEMBER 11.8

실패는 사랑으로 잊어라
Wipe the Slate

과거는 잊어라. 기뻤던 날들만 기억하라. 네 기억의 석판을 사랑으로 닦아내라. 나를 향한 사랑과 이웃을 향한 사랑을 더욱 견고하게 하지 못하는 것들은 모두 지워버려라. 실패는 잊어라. 너의 실패, 다른 사람들의 실패를 모두 잊어라. 네 기억의 책에서 그것들을 지워버려라.

네 죄 짐을 스스로 지라고 내가 십자가에 죽은 것이 아니니라. 내 종 베드로도 "친히 나무에 달려 그 몸으로 우리 죄를 담당하셨으니"(벧전 2:24)라고 말하지 않았더냐? 그런데도 네가 죄의 짐을 스스로 지려 하거나 다른 사람들의 죄를 마음에 둔다면 내 슬픔이 더 커지리라.

NOVEMBER 11.9

놀라운 우정
Wonderful Friendship

나를 친구로 생각하라. 그리고 그 우정의 놀라움을 깨달아라. 네가 예배와 순종과 시간과 충성은 물론 사랑의 마음까지 내게 주는 순간, 내가 네 친구인 것처럼 너도 나의 친구가 되느니라.

그러면 내가 너를 위해 많은 일을 하고, 너도 나를 위해 그럴 것이라. 우리는 서로를 위해 할 수 있는 많은 일을 할 것이라. 네가 나와의 각별한 우정 속에서 나를 위해 일할 때마다 너와의 사귐을 각별히 여길 것이요, 그 사실을 실감하면 네 봉사가 전적으로 달라지리라.

내가 너의 친구이며 너를 돕고 이해하고 사랑하기를 즐거워한다는 사실을 묵상하고 또 묵상하라.

NOVEMBER 11.10

일어나 정복하라
New Forces

인생의 어려움과 괴로움은 네 발전을 저해하는 것이 아니라 성장 속도를 높이기 위해 있느니라. 그러니 새로운 힘, 새로운 능력을 의지하라. 어떤 어려움과 괴로움을 당하든지 반드시 이기고 극복해야 하느니라.

이는 경주와 같으니 무슨 일을 당해도 위축되지 말라. 어려움에 정복당하지 말라. 오히려 정복하라! 내 힘이 너를 기다리고 있느니라. 네 모든 능력을 발휘하라. 아무리 작은 어려움이라도 무시하거나 하찮게 여기지 말라. 작은 어려움을 밀어젖히고 나아가면 큰 어려움을 물리칠 준비를 하는 것이라.

일어나 정복하라. 너를 위해 준비한 승리의 길이 여기 있으니 나와 함께 걸어라! 나와 동행하면 실패하지 않으리라.

"능히 너희를 보호하사 거침이 없게 하시고 너희로 그 영광 앞에 흠이 없이 즐거움으로 서게 하실 자…"(유 1:24).

NOVEMBER 11.11

천국의 모자이크
Heaven's Colors

뒤돌아보면 지나온 네 모든 발걸음이 계획된 것이었음을 깨달으리라. 모든 것을 나에게 맡겨라. 위대한 설계자인 내가 네 발자취로 모자이크를 만들어 완벽한 모습을 드러내리라.

그 모양은 실로 아름다우리라. 그러나 그 색조가 천국의 빛이어서 네가 베일 너머로 보기 전까지는 전체를 응시할 수 없으리라.

인생의 발걸음을 옮길 때마다 나를 신뢰하라. 위대한 설계자인 내가 네 발걸음 하나하나로 아름다운 모자이크를 만들어가고 있노라!

NOVEMBER 11.12

내가 먼저 듣노라
The Voiceless Cry

나는 고뇌하는 심령에서 터져 나오는 소리 없는 울부짖음을 천국의 음악보다 먼저 듣노라. 질문을 던지는 심령의 문제를 해결해주는 것은 신학자들의 언쟁이 아니라 나를 향한 간절한 울부짖음과 내가 들으리라는 확신이라.

NOVEMBER 11.13

내게 오라
Every Problem Solved

자녀들아! 내게 오라고 몇 번이나 초대했지만 네가 이 초대를 엉뚱한 뜻으로 받아들여 창조주에게 의무를 다하거나 구세주에게 진 빚을 갚으라는 촉구로 해석하는구나. 하지만 이 초대는 그 의미를 뛰어넘는 풍부한 뜻을 담고 있느니라.

네 모든 문제를 해결하고, 모든 두려움을 가라앉히기 위해, 물질적, 육신적, 영적 필요를 공급받기 위해, 아프면 건강을 위해, 집이 없으면 집을 위해, 친구가 없으면 친구를 얻기 위해, 소망이 없으면 소망을 위해 내게 오라. 이 모든 것을 얻기 위해 나에게 오라!

NOVEMBER 11.14

쉽지 않은 인생길
Devious Ways

자녀들아! 인생길이 쉽지 않느냐? 그 이유는 네가 아버지 뜻대로 행하지 않기 때문이라.

곧게 뻗어나가야 할 길을 인간들이 장애물과 돌멩이 가득한 구불구불하고 험한 길로 만들고 있으니 안타깝구나.

NOVEMBER 11.15

능력이 나타나리라
By My Spirit

나의 많은 자녀들이 이적을 일으키는 내 능력이 한 번 나타났다가 사라졌다고 생각하나 그것은 사실이 아니니라. 온전히 신뢰하며 매일 순간의 선택을 내게 맡기면, 그 옛날 사도들이 나의 능력으로 이적과 표적을 행하고 병자들을 치유했던 것처럼 오늘날에도 그 능력이 놀랍고도 뚜렷하게 나타나리라. 나를 신뢰하라. 믿어라.

"만군의 여호와께서 말씀하시되 이는 힘으로 되지 아니하며 능으로 되지 아니하고 오직 나의 신으로 되느니라"(슥 4:6).

이 말씀을 가슴에 새겨 반복하고 또 반복하라. 그러면 이적의 능력을 체험할 것이요, 그 체험으로 나를 영화롭게 하리라.

내가 땅에서 일으켰던 이적들을 묵상하고 "나의 주님, 친구이신 하나님이 지금 내 삶에 이런 일을 이루실 것이다!"라고 말하라. 그 이적들을 네가 지금 필요한 것에 적용하라. 내 영의 능력이 너를 도와 구한다는 것을 깨닫게 되리라.

NOVEMBER 11.16

합심기도의 능력
Union Is Power

"두세 사람이 내 이름으로 모인 곳에는 나도 그들 중에 있느니라"(마 18:20).

기도할 때마다 이 약속을 주장하라. 나를 사랑하는 자녀 둘이 모이면 내가 셋째가 되리라. 이 약속을 제한하지 말라.

단 두 사람이라도 내 이름으로 모여 내 영으로 연합하면 나도 그곳에 있느니라. 나를 기쁨으로 맞이하고 내 목소리를 들으라. 이때 너를 통해 어떤 능력이 나타날지 잠시 생각해보라. 나를 섬기는 너희들의 능력을 발휘할 시간이라.

내 이름으로, 나를 향한 충성심으로, 오직 내 뜻을 행하고자 하는 갈망으로 네 친구와 모여라. 그리하면 내가 자청하여 그곳에 함께할 것이요, 너희들과 한목소리로 구할 것이요, 너희들의 요구 사항을 내 요구로 여기리니, 그때 너희 기도가 이루어지리라.

NOVEMBER 11.17

기쁨의 나라로 들어가는 출입구
Quiet Lives

"잘하였도다 착하고 충성된 종아 네가 작은 일에 충성하였으매… 네 주인의 즐거움에 참예할지어다"(마 25:23).

이 말은 세상의 주목을 받지 못하는 많은 사람들의 귀에 내가 속삭이는 말이라. 세상의 인정을 받는 대단한 사람들이 이런 칭찬을 받는 경우는 드물지만 겸손하고 신실하게 나를 섬기는 자들, 곧 세상을 향해 미소 지으며 자기 십자가를 지는 용감한 내 자녀들은 종종 이 말씀을 받느니라.

세상에서 신실하게 의무를 감당하는 종들은 주인의 즐거움, 곧 내 즐거움에 참여하리라. 세상은 겸손하게 인내하면서 조용히 섬기는 종들을 결코 주목하지 않으나 나는 분명히 볼 것이니 내가 주는 상급은 세상의 명예와 부와 쾌락이 아니라 하나님의 기쁨이라.

땅에서든 영적인 세계에서든 어디서든지 내가 주는 상급은 이것이니, 고통과 가난과 고난의 한가운데서도 더없는 전율을 선사하는 기쁨, 곧 하나님의 기쁨이라. 아무도 이 기쁨을 네게서 빼앗지 못하리라(요 16:22). 세상의 어떤 즐거움이나 보상도 그런 기쁨을 줄 수 없으리라. 이 기쁨은 나를 사랑하는 자녀들, 내 친구들에게만 알려진 기쁨이라.

이 기쁨이 나를 섬기는 행위에 대한 상급으로만 오는 것은 아니니 나와 함께 인내로 고난을 당하는 자녀들 역시 실제로 나와 교제하는 이들이 그런 것처럼 기쁨의 상급을 받게 되리라. 기쁨의 나라로 들어가는 출입구는 섬김과 고난이니라.

NOVEMBER 11.18

하나님의 영광이 네 위에 임하노라
Dazzling Glory

"일어나라 빛을 발하라 이는 네 빛이 이르렀고 여호와의 영광이 네 위에 임하였음이니라"(사 60:1).

하나님의 영광은 그 성품의 아름다움이라. 땅에서는 하나님의 성품을 온전히 깨달을 수 없지만 일부분이라도 깨달을 때 그 영광이 네 위에 임하느니라. 하나님의 사랑과 거룩하심의 아름다움은 눈이 부셔 인간이 온전히 볼 수 없노라.

또한 네가 사랑과 인내와 섬김과 정결의 삶으로 아버지에게 속한 것을 세상에 나타내고, 네 구주이며 하나님인 나와 함께 있다는 확신을 나타내며 하나님을 영화롭게 할 때, 하나님의 영광이 네 위에 임하리라.

NOVEMBER 11.19

하나님의 산에서 도움이 오리라

Hills of the Lord

"내가 산을 향하여 눈을 들리라 나의 도움이 어디서 올꼬 나의 도움이 천지를 지으신 여호와에게서로다"(시 121:1,2).

네 눈을 들어라. 세상의 잘못, 초라함, 빈약함을 바라보지 말고 하나님의 거룩한 산을 올려다보라. 연약할 때 눈을 들어 하나님의 도움의 산을 바라보라. 지속적으로 먼 곳을 바라보면서 네 눈을 훈련시켜라. 멀리 있는 산봉우리가 가까이 느껴질 때까지 더 멀리 보는 훈련을 계속하라.

하나님의 산에서 도움이 오리라. 가뭄으로 바싹 타들어가는 땅이 깊은 계곡에 넘실거리는 생명의 물을 갈망하는 것처럼 하나님의 산을 올려다보라. 그 산에서 도움이 오리라. 천지를 만드신 하나님의 도움이 오리라.

영적으로 필요한 것이 있거든 하늘을 만드신 하나님, 곧 나를 바라보아라. 육신적, 물질적으로 필요한 것이 있을 때에도 그 모든 것의 주인, 땅을 만든 하나님인 나를 바라보아라.

NOVEMBER 11.20

나를 알아야 하노라
Mysteries

오직 하나님께 소망을 두어라. 오직 나에게 소망을 두어라. 네 미래가 모두 나에게 속했음을 기억하라. 네 미래에 기쁨이 가득할 수밖에 없다는 것을 깨달아라. 땅이든 하늘이든 그 어디에 있든지 너의 길은 기쁨의 길이 될 것이니라.

세상의 오묘함에 대한 대답을 얻으려고 애쓰지 말라. 나를 더욱더 알기 위한 길을 배워라. 이 땅에서 필요한 모든 대답을 그 지식 속에서 얻게 되리라. 그리고 장차 얼굴과 얼굴을 맞대고 나를 볼 때, 더 이상 물을 필요도 없으리라. 모든 대답이 내 안에 있기 때문이니라.

내가 바로 내 나라와 아버지에 대한 모든 질문의 답이라는 것을 기억하라. 신학은 몰라도 무관하지만 나는 반드시 알아야 하느니라. 나는 하나님의 말씀이니라. 하나님에 대해 알아야 할 모든 것을 내 안에서 알 수 있느니라. 어떤 영혼이 나를 모른다면 네가 아무리 설명한들 어떤 반응도 보이지 않으리라.

NOVEMBER 11.21

기쁨을 발하라
Radiate Joy

너는 기뻐하고 그 기쁨을 모든 사람에게 나타내야 하느니라. 사람이 등불을 켜서 그릇으로 덮어두지 않고 등잔대 위에 두나니 그래야 그 등불이 집 안에 있는 모든 사람에게 환히 비추느니라(마 5:15). 사람들이 네 기쁨을 보고, 그것이 나와 함께 사는 것과 나를 신뢰하는 데서 비롯된 것임을 밝히 알아야 하느니라.

체념은 나의 길이 아니니라. 나는 예루살렘에 들어갈 때 조롱과 욕설과 죽음이 기다린다는 것을 알았으나 호산나 함성을 지르는 군중과 승리의 행렬을 지어 들어갔느니라. 소수의 추종자들만이 예루살렘으로 슬며시 들어간 것이 아니라. 나는 제자들과 마지막 만찬을 나눴을 때 조금도 슬퍼하는 기색을 보이지 않았노라. 우리는 찬미한 후에 감람산으로 나아갔노라(마 26:30).

사랑하라! 사랑이 네 길을 편하게 할 것이며, 역경의 얼얼한 바람을 막아주리라. 나에게 속한 것들을 사랑하라. 나와 내 아버지의 임재를 의식하라. 나와 내 아버지는 하나이며 사랑이니라.

NOVEMBER 11.22

오직 사랑만 남으리
Only Love Lasts

사랑이 모든 것을 말하느니라. 오직 사랑으로 행한 것만 지속되나니 하나님이 사랑이시며 하나님의 일만 남기 때문이라. 사람의 방언과 천사의 말로 주목받는 사람들이 세상의 명예와 갈채를 받을지 모르나 하나님의 사랑이 없으면 그 모든 것이 무가치하니라.

웅변가의 말은 화려하게 보여도 열매 맺지 못하고 땅에 떨어지지만, 하나님의 사랑의 말은 소박해 보여도 줄기차게 그 길을 가느니라. 참된 행위와 말을 가늠하는 기준은 "그것이 사랑에서 비롯된 것인가?" 하고 묻는 것이니라.

"내가 사람의 방언과 천사의 말을 할지라도 사랑이 없으면 소리 나는 구리와 울리는 꽹과리가 되고"(고전 13:1).

사랑이 없으면 네 모든 행위가 헛되니 이를 기억하라. 네가 내 이름으로 아무리 많은 일을 할지라도 사랑이 없으면 그 모든 행위를 인정치 않으리니 범사에 사랑을 구하라. 네 마음과 삶에서 사랑이 아닌 것을 모두 추방하라. 서로 사랑하라. 그리하면 세상 사람들이 네가 내 제자인 것을 알며(요 13:35), 풍성한 열매를 맺으리라.

NOVEMBER 11.23

담대하라

Earth's Furies

"세상에서는 너희가 환난을 당하나 담대하라 내가 세상을 이기었노라"(요 16:33).

나는 모든 어려움과 시험을 이겼노라. 나의 이김은 나를 위한 것이 아니요 내 자녀, 곧 너를 위한 것이었노라. 내가 세상을 이기었는데 네가 왜 환난을 당해야 하는지 의아할 것이라.

사탄은 나를 무너뜨릴 방도를 강구하려고 애썼으나 실패하고 말았느니라. 그러나 사탄이 처참하게 무너졌다는 것을 아는 이는 오직 나의 담대한 영을 아시는 내 아버지와 나뿐이었느니라. 세상은 비록 나를 따르는 자들일지라도 실패의 흔적을 보았으며, 조롱과 침 뱉음과 채찍에 맞은 나를 정복한 자가 아닌 정복당한 자로 여겼느니라. 내 영이 자유로우며, 온전하며, 해를 당하지 않았다는 것을 세상이 어찌 알 수 있었겠느냐?

내가 인간들에게 하나님을 나타내기 위해 땅에 왔을 때, 사탄과 그 능력에 정복당하지 않고, 해를 입지도 않고, 건드릴 수도 없는 하나님의 모습을 보였느니라. 그러나 인간들은, 내 영이 건드림을 당하지 않고, 세상의 증오와 분노 위로 올라 아버지의 은밀한 곳에 들어갔다는 것을 보지 못하였느니라. 하지만 부활한 내 육신을 보고서야 사탄의 마지막 시도조차 나를 상하게 하지 못했다는 것을 깨달았느니라.

용기를 내라. 너는 나의 환난에 동참해야 하노라(요 15:18,19 ; 빌 3:10 ; 요일 3:13). 만약 사탄이 너에게 결투를 신청하지 않고 그냥 둔다면 너는 필경 사탄에게 속한 자니라. 그러나 사탄이 결투를 신청해 가혹한 시련으로 욱신욱신 쑤시게 한다면 네가 내 편이기 때문이며 사탄을 미워하는 것을 드러냈기 때문이라.

그러나 담대하라. 내가 함께 걷고 있지 않느냐? 나는 사탄을 온전히 정복하였느니라. 네가 지금 아무 해도 당하지 않고 나의 이기는 능력 안에서 걷고 있음을 기억하라.

NOVEMBER 11.24

나의 일에 참여하라
Suffer to Save

무슨 일을 당하든지 나를 위해 일하는 계기로 삼아라. 그리하면 네 모든 일에 축복이 임하리라. 하루의 일들을 온전히 나에게 바쳐라.

세상에 생명을 주는 나의 일에 참여하라. 세상을 구원하려는 내 사역을 도와라. 너는 온전히 이해할 수 없을지 모르지만 죄인을 대신한 내 희생은 인간의 이해를 초월하는 구속의 능력을 갖노라.

NOVEMBER 11.25

하늘에서 온 방문자
The Heavenly Beggar

"볼지어다 내가 문 밖에 서서 두드리노니"(계 3:20).

이 말씀을 다시 묵상하며 나의 큰 겸손을 배워라. 나의 초대는 세상에서 결코 찾을 수 없던 진정한 행복과 휴식과 만족을 구하는 자들을 향한 은혜로운 초대이니라. 나는 해답을 찾는 자들에게 "수고하고 무거운 짐 진 자들아 다 내게로 오라 내가 너희를 쉬게 하리라"(마 11:28)라고 답하느니라.

그러나 내가 필요하다는 것을 깨닫지 못하는 자들, 완고하게 거부하는 자들, 내가 들어오지 못하도록 문을 쾅 닫아버리는 자들에게는 직접 다가가 문을 두드리며 온유하고 겸손하게 초대하느니라. 그들이 모든 문에 빗장을 굳게 걸었더라도 나는 하늘에서 온 겸손한 방문자로서 두드리고, 또 두드리느니라.

너를 내쫓고 문을 닫아버린 사람이나 너를 잊은 사람이라 할지라도 그들을 잊지 말라. 그들이 너를 원치 않으니 너도 그들을 원치 않겠다고 말하지 말라. 하늘에서 온 방문자인 내게 배워라. 나의 겸손을 배워라.

　인간을 창조한 하나님인 나는 인간의 행복과 평화와 휴식을 매우 중요하게 여기느니라. 나는 한 영혼이 내 안에서 쉬며 평화를 찾을 때까지 편히 쉬지 않노라. 이 사랑을 가르쳐달라고 기도하라!

NOVEMBER 11.26

아름다움을 보는 눈
My Beauty

나는 땅에 있을 때 "들을 귀 있는 자는 들으라"(막 4:9)라고 말하였노라. 이 말은 "보는 눈 있는 자는 보라"라는 뜻으로 풀이될 수도 있느니라.

나는 세상에 온 하나님, 곧 나는 용모만으로 사람들을 매혹시킬 만큼 빼어나게 아름다운 육신을 입기로 되어 있지 않았으니 오히려 나는 세상의 멸시를 받는 사람이 되었느니라.

"고운 모양도 없고 풍채도 없은즉 우리의 보기에 흠모할 만한 아름다운 것이 없도다"(사 53:2).

그러나 보는 눈이 있는 자들에게는 그 육신 안에 거하는 영이 아름다워서 부족함이 없게 보이느니라. 보는 눈을 달라고 기도하라. 내 성품의 아름다움, 내 영의 아름다움을 보게 해달라고 기도하라.

믿음의 눈은 '고운 모양도 없고 풍채도 없는' 내 안에서 하나님의 아름다움을 보느니라. 내가 지금 하는 일들과 너와의

사귐 속에서 내 사랑의 아름다움을 보는 믿음을 갖게 해달라고 기도하라. 세상은 내 안에 있는 것들을 불쾌함과 비참함으로 왜곡할 것이나 믿음의 눈을 갖고 있는 너는, 내 안에서 흠모할 만한 모든 것을 보리라.

   나를 알고 내게 말하라. 그러면 네게 말하리라. 이해할 수 없는 것처럼 보이는 모든 것, 고운 모양도 없고 풍채도 없어 보이는 모든 것의 참 의미를 네 사랑의 심령에 밝히리라.

NOVEMBER 11.27

네 일을 훼방하려는 것이 아니라
Not Thwarted

인간들이 이 점에서 나를 종종 오해하고 있도다. 나는 네가 내 뜻을 구하고 사랑하기를 원하지 네 뜻을 억지로 내 제단에 바치기를 원치 않느니라. 내 뜻을 구하고 사랑해야만 참된 행복과 영의 안식을 얻을 수 있기 때문이니라.

결정권을 내게 맡기기 어렵다는 생각이 들 때마다 기도하라. 내 뜻을 받아들일 수 있게 해달라는 것이 아니라 나를 더 알고 사랑하게 해달라고 기도하라. 나를 더 알고 사랑할 때, 내가 최선의 것을 알고 있고 또 네게 최선의 것을 주기 원한다는 확신이 뒤따를 것이니라.

어떤 이들은 내가 자신들의 일을 훼방한다고 생각하나 그런 자들은 도무지 나를 모르는 것이니라. 나는 최선의 방법으로 그들의 기도에 신속히 응답하고 있느니라.

NOVEMBER 11.28

영의 길

The Way of the Spirit

나를 만나는 기쁨으로 네 삶을 더욱더 채워나가라. 자주 만나면 그렇게 되리라. 무엇보다 먼저, 네 삶의 범위를 나와 함께하는 내적 삶으로 좁혀라. 그 사귐에 더 몰두하라. 그 사귐으로 너를 단단히 묶어라. 그리하면 네 관심의 폭이 점차 증대될 것이라.

네 삶의 영역이 좁아질까 염려하지 말라. 너를 세상의 일과 관심으로부터 당분간 떼어놓는 데는 분명한 이유가 있으니 아무것도 염려하지 말라. 이런저런 일에 관심을 쏟으며 바삐 움직이는 것을 우선하고, 나와 함께 내적 삶을 가꾸는 일을 뒤로 미루는 것은 결코 옳은 방법이 아니니라. 어떤 영혼이 바쁘게 살다가 나를 찾아올 때, 내가 그의 외적 영역을 잇는 끈을 잘라 냄으로써 그 영혼과 교제하기 시작하는 까닭도 그 이유 때문이니라.

그 영혼이 나와의 관계 속에서 힘을 얻고 나면 그때 비로소 관심의 영역을 넓힐 수 있고, 안에서부터 밖으로 일할 수 있게 되고, 다른 사람들과 접촉하면서 내적 영향력을 나타낼 수 있으리라. 이것을 네 삶의 방식으로 삼아라. 이것이 영의 길이라.

NOVEMBER 11.29

내 이름으로 모여라
When Two Agree

나는 진리이니 내 모든 말 또한 진리이니라. 내가 한 모든 약속은 성취되리라.

"두세 사람이 내 이름으로 모인 곳에는 나도 그들 중에 있느니라"(마 18:20).

먼저 내 이름으로 모여라. 나를 향한 충성심으로, 오직 내 뜻을 행하려는 갈망으로 네 친구와 모여라. 그리하면 내가 그곳에 함께할 것이요, 너희들과 한목소리로 구할 것이요, 너희들의 요구 사항을 내 요구로 여길 것이라. 그때 너희 기도가 이루어지리라.

그러나 나의 모든 자녀들이 이 말의 모든 뜻을 깨달은 것은 아니니라. 구하면 반드시 이루어지리라는 확신을 가지고 합심하여 기도하는 것과 그냥 모여서 기도하는 것은 같지 않으니라.

NOVEMBER 11.30

자아로부터 하나님께로
From Self to God

하나님은 성소가 되시나니 세상의 오해로부터 피할 곳, 너 자신으로부터 피할 곳이라. 너는 다른 사람들을 피해 네 자신 안에 고요히 머물 수 있느니라. 하지만 너 자신으로부터 피하려면, 네 안의 패배 의식과 연약함과 죄와 결점에서 벗어나려면 어떻게 해야 하겠느냐?

"영원하신 하나님이 너의 처소가 되시니"(신 33:27).

영원하신 하나님이 너의 처소가 되시나니 하나님의 광대함 안에 머물 때까지 너의 작고 하찮은 것과 한계를 잊어라.

안전하게 구조되었다는 확신과 피난처를 얻은 데서 오는 기쁨과 하나님이 주시는 것들을 온전히 흡수할 때, 결국 정복할 힘을 얻어 너의 나약함과 한계를 잊게 되느니라.

DECEMBER

세상 끝 날까지 너와 함께하리라

DECEMBER 12.1

네가 주어라!
Responsibility

내가 네 옆에 있노라. 너의 연약함과 분투와 승리를 아는 참 인간인 예수, 바로 내가 네 옆에 있노라. 내가 약한 자들의 친구가 되어 그들의 주린 배를 채웠음을 기억하라. 또한 가깝고 소중한 사람들에 대한 책임뿐 아니라 일반 군중에 대한 책임도 제자들에게 가르쳤다는 것을 기억하라.

나를 찾아온 남자와 여자와 아이들이 굶주려 약해졌을 때, 열두 제자들은 그들을 가엾이 여기는 마음이 부족해 "무리를 보내어 마을에 들어가 먹을 것을 사먹게 하소서"(마 14:15)라고 말하였느니라. 그때 나는 군중을 불쌍히 여기는 마음과 그들에 대한 책임을 가르쳤으며, "너희가 먹을 것을 주어라"(마 14:16)라고 대답함으로써 곤궁이나 필요에 해결책을 제공하지 않는 단순한 동정이나 연민이 무가치한 것임을 가르쳤노라.

네가 먹을 것을 주어라! 마음으로만 불쌍히 여기지 말고 실천하라. 네게 필요한 것들을 나에게 구할 때도 그렇게 해달라고 구하라. 종이 주인보다 크지 못하니 영적인 것을 이루려 하면 더욱 그러하니라.

　나는 종에게 가르쳤던 그대로 행하는 주인이라. 내가 공급하리라. 억지로 하는 것이 아니라 풍성하게, 마음만이 아니라 행동으로 공급하리라.

DECEMBER 12.2

기대에 부응하라
The Ideal Man

침묵으로 경외하고 찬양으로 경배하며 가까이 오라. 모세가 타는 떨기나무 가까이 갔을 때 신발을 벗은(출 3:5) 것처럼 너도 그리하라. 나는 너와 사랑의 교제를 나누는 친구이기도 하지만 네 하나님이기도 하느니라. 나에게서 하나님의 위엄을 본다면 나와 친밀하게 사귈 때 놀라움과 이적이 더하리라.

내가 하나님이라는 확신을 가지고 가까이 오라. 그것이 최상의 기도이니라. 내게 가까이 오라. 내가 불같은 위엄의 옷을 입었더라도 멀리서 구하지 말라. 간청하는 자세가 아니라 경청하는 자세로 가까이 오라. 간청하는 이는 나니 내가 바라는 바를 너에게 알리기 때문이라.

위엄의 하나님인 내가 너의 형제됨을 기억하라. 나는 네가 이웃을 섬기기를, 내가 바라는 자녀가 되기를 몹시 갈망하는 네 형제이니라.

너는 주위 사람들이 종종 너를 실망시키고 네가 바라는 이상적인 모습에 미치지 못한다고 여러 번 내게 말하였느니라. 네가 주위 사람들을 그렇게 생각하는데 하물며 나는 너를 어떻게 보겠느냐? 나도 모든 사람에게 이상적인 모습, 마땅히 보여야 할 모습, 내가 원하는 모습을 너에게서 기대하느니라. 그러나 그에 미치지 못할 때 내 마음이 어떠하겠느냐?

네가 다른 사람들에게 느끼는 실망은 내가 너에게 느끼는 실망과 비교할 수 없느니라. 이를 기억하고 내가 바라는 친구가 되기 위해 분발하라.

DECEMBER 12.3

고난의 목적지
A Journey with Me

풀지 못할 문제로 네 영혼을 괴롭히지 말라. 육신의 삶을 떠난 후에야 그 해답을 볼 수 있으리라.

"내가 아직도 너희에게 이를 것이 많으나 지금은 너희가 감당치 못하리라"(요 16:12).

내가 종종 한 이 말을 기억하라. 위를 향하는 이 여정은 한 걸음씩 차근차근 가야 하느니라.

수시로 너 자신을 살펴, 나와 함께 이 길을 걷고 있는지 확인하라. 나와 함께 고난받는 자들만이 알 수 있는 기쁨을 맛보게 되리라. 하지만 그 기쁨은 네 고난의 결과가 아니라 나와의 친밀한 사귐의 결과이니라. 고난이 너를 데려가는 곳이 바로 그곳이니라.

DECEMBER 12.4

멸시받은 그리스도를 따르라
Man of Sorrows

"그는 멸시를 받아서 사람에게 싫어 버린 바 되었으며 간고를 많이 겪었으며 질고를 아는 자라 마치 사람들에게 얼굴을 가리고 보지 않음을 받는 자 같아서 멸시를 당하였고 우리도 그를 귀히 여기지 아니하였도다"(사 53:3).

이 말씀을 읽고 아름다움의 정수에 젖어드는 내 자녀들은 아름다운 것들을 듣고자 영의 주파수를 맞춘 자녀이며, 자기에게 간고를 많이 겪은 분이 필요하다는 것을 인정하는 자녀이니라. 또한 세상의 멸시를 받은 분에게서 멸시할 만한 것을 도무지 보지 못하는 자녀이며, 하늘의 가치와 땅의 가치가 극단적으로 다르다는 것을 깨닫는 자녀이니라.

내 제자들이 언제나 추구해야 하는 한 가지는, 세상의 가치를 물리치고 오직 하늘의 가치로 모든 것을 분별하는 것이니라. 인간의 칭찬과 주목을 구하지 말라. 그것들은 너를 위한 것이 아니니 대신 멸시 받은 그리스도를 따르라.

나를 따르는 자녀들은 세상의 미움을 받을 것이니 이는 내가 세상의 미움을 받았기 때문이라(요 15:18 ; 요일 3:13). 내 자녀들이 세상의 야유와 조롱과 돌팔매질을 당할 때, 욕설을 내뱉는 그 무리들은 결코 알 수 없는 행복과 기쁨을 맛보게 되리라.

주변 사람들로부터 아무 도움도 받지 못하는 어두운 시간을 지날 때 '간고를 많이 겪은 분' 가까이 오라. 네 모든 고초를 온전히 헤아리는 내가 사랑의 손으로 묵묵히 네 손을 쥐는 것을 느껴라. 나 역시 슬픔을 알고 있느니라. 네가 아파할 때마다 나도 아파하느니라.

DECEMBER 12.5

후히 주는 사람이 되어라
Law of Supply

영적 세계에서 가장 으뜸가는 법은 '주는 것'이니라. 네가 만나는 모든 사람, 가까운 사람들에게 네 기도와 시간과 사랑과 생각을 주어라. 그리고 너 자신까지도 주어라.

이것이 네가 가장 먼저 해야 할 일이니라.

그런 다음 네게 있는 세상의 좋은 것을 주어라. 날마다 더 높은 영역에 속한 것을 주지 않고 돈과 물질적인 것들만 주는 것은 옳지 못하니라.

주어라! 네가 가진 가장 좋은 것들을 필요한 사람에게 주어라. 악인과 선인에게 해를 비추시며 의로운 자와 불의한 자에게 비를 내리시는(마 5:45) 내 아버지처럼 후히 주는 사람이 되어라.

받을 만한 공과나 자격에 따라 주지 말고 필요에 따라 주어라. 네 이웃의 실질적인 필요를 채워준다는 마음으로 베풀 때, 후히 주시는 하늘 아버지를 가장 닮게 되리라.

네가 받은 만큼, 네가 이끄는 이들의 필요를 공급하라. 의문을 제기하거나 범위를 한정하지 말고 주어라. 그들이 너와 얼마나 돈독한 관계인지는 생각하지 말라.

 오직 그들의 필요에 따라 공급하라. 네가 할 수 있는 모든 것을 다해 베풀어라. 즐거운 마음과 넓은 손으로 후히 주어라. 후히 주는 자가 되게 해달라고 기도하라. 헤아릴 수 없는 축복이 돌아오리라.

DECEMBER 12.6

유혹을 예상하라
Expect Temptation

사탄의 유혹을 이기기 위한 첫 단계는 사탄의 유혹을 그저 유혹으로 여기는 것이라. 사탄의 유혹을 단호히 끊어버려라. 그것을 너의 피곤, 연약, 질병, 가난, 신경쇠약에서 나온 것으로 여겨 굴복할 핑계를 대지 말라.

네가 내 음성을 듣고, 길 잃은 영혼들을 이끌 사명을 다하려고 할 때 사탄의 맹습을 예상해야 하느니라. 사탄이 너를 꺾고 또 너의 모든 선한 행위를 무산시키기 위해 모든 능력을 동원한다는 것을 절대 잊지 말라. 사탄의 유혹을 예상하라.

그러면 사탄의 크고 작은 유혹이 찾아올 때마다 그것이 나의 일을 훼방하기 위해 사탄이 계획한 것임을 분별할 수 있을 것이며, 나를 향한 사랑으로 정복할 수 있으리라.

DECEMBER 12.7

생명의 양식
Food of Life

"내게는 너희가 알지 못하는 먹을 양식이 있느니라"(요 4:32).

나는 땅에서 사역을 시작할 때 열두 제자에게 이렇게 이르며 '한 영혼과 하나님의 오묘한 연합'에 대해 설명하였느니라. 이 연합에는 말로 표현할 수 없는 힘과 생명과 양식이 한쪽에서 다른 쪽으로 일방적으로 전해지느니라.

양식은 생명을 지탱하기 위한 것이니 하나님의 뜻을 행하는 것이 네 생명을 지탱하는 참된 양식이니라. 그 양식을 먹어라. 기쁜 마음으로 하나님의 뜻을 행하지 못하면 네 영혼이 굶주림으로 시달리느니라. 그런데도 세상은 건강하지 못한 육신에 대해서는 장황하게 말하면서 건강하지 못한 영혼에 대해서는 도무지 말하지 않는구나!

내 뜻 행하는 것을 네 일용할 양식으로 삼아라. 힘과 능력이 너를 찾아가리라.

DECEMBER 12.8

나의 나라
My Kingdom

"나를 믿는 자는 나의 하는 일을 저도 할 것이요 또한 이보다 큰 것도 하리니 이는 내가 아버지께로 감이니라"(요 14:12).

내가 땅에 있었을 때, 나와 직접 접촉했던 수많은 사람들은 내가 실패했다고 생각했느니라. 심지어 열두 제자들조차 의심과 의문에 휩싸여 절반만 믿었느니라. 제자들이 나를 버리고 도망친 것은, 내 원수들이 두려워서가 아니라 내 사명이 불발로 끝났다고 확신했기 때문이었노라.

내가 그들에게 많은 것을 가르쳤고 마지막 만찬 때 자세히 계시했는데도, 그들은 최후의 순간에 바리새인들이 나에 대한 증오를 공개적으로 선언하면 내가 즉각 명령을 내려 추종자들을 이끌고 이 땅에 내 나라를 세울 것이라고 확신하였느니라. 내 나라가 영적인 나라임을 알고 있던 제자들조차 내가 물리적인 세력들을 이기지 못하고 패배했다고 생각하였느니라.

그러나 내가 부활하자 그들의 소망과 믿음이 되살아났고,

내가 했던 말들을 서로 상기시키기 시작했느니라. 그들은 내가 하나님이며 메시아라는 것을 확신했으며, 자신들이 믿음이 부족하여 내 지상사역을 훼방했다는 것을 깨달았으며, 보이지 않는 곳에 있는 나의 능력, 곧 성령을 선물로 받았느니라.

내가 나라를 세우기 위해 세상에 왔음을 기억하라. 내 나라에 살던 자녀들은 내가 한 일보다 더 큰 일을 행할 수 있었느니라. 그들이 나보다 더 큰 능력을 체험했다거나 더 큰 삶을 살았다는 뜻이 아니라, 내가 하나님이라는 것을 깨달았을 때 내 이름으로 일할 기회가 더욱 증대되었다는 뜻이니라. 내가 세상에서 한 일은 내 나라의 핵심이 될 자녀들을 불러 모아 내 나라의 진리를 가르치는 것이었느니라. 그들은 그 진리 안에서 살았고 또 일하였느니라.

DECEMBER 12.9

고요한 기도의 처소로 들어가라
Your Search Rewarded

"모든 사람이 주를 찾나이다"(막 1:37).

사람들이 나를 찾고 있지만 단지 내 손에 들린 것만 찾고 있구나! 나를 만나야 한다고 진정으로 깨닫는 사람이 하나도 없구나! 나를 만나면 다른 무엇을 찾을 필요가 없다는 것을 입증하라. 네 삶과 고난과 입술과 사랑으로 그 사실을 입증하라.

내가 보인 모범을 배워라. 나는 아버지와 교제를 나누기 위해 잠시 군중을 떠나 쉬었느니라(막 6:46 ; 눅 6:12). 사람들이 그런 내 행동을 보고 쑥덕거릴 줄 몰라서 그랬겠느냐? 군중의 요란한 환호가 아니라 하늘에서 오는 세미한 음성만이 내가 하나님의 아들임을 사람들에게 납득시킬 수 있기 때문이라. 성급하게 하나님나라로 돌진하는 일이 불가능하다는 것도 가르치기 위함이었노라. 사람들에게 둘러싸여 있으면 나를 따르거나 배울 수 없으니 나를 따라 고요한 기도의 처소로 들어가라!

DECEMBER 12.10

나와 함께하는 고요한 이 시간

The Quiet Time

내가 아무것도 계시하지 않고 명하지 않고 안내하지 않을 때가 많아도 네 길과 임무는 명백하니, 나를 아는 지식 안에서 날로 성장하는 것이라. 나와 함께하는 고요한 이 시간이 그 힘을 주리라.

내 앞에 조용히 무릎을 꿇으라고 네게 명했지만 기록할 만한 말을 도무지 하지 않을 때가 있으리라. 그럴지라도 내 음성을 기다리는 이 시간이 말할 수 없는 기쁨과 평화를 주리라. 서로 사랑하고 이해하는 친구들만이 서로 얼굴을 맞대고 침묵하며 기다릴 수 있느니라.

내가 네 사랑과 이해를 확신하며 너와 함께 쉬는 동안 침묵 속에서 기다리라고 요구함으로써 우리의 우정을 입증할 수도 있으니 기다려라! 사랑하라! 기뻐하라!

DECEMBER 12.11

크고 놀라운 것을 기대하라
A Sunrise Gift

가엾은 이 세상을 불쌍히 여겨 삶의 고초를 마다하지 않은 자녀들, 고뇌하는 심령으로 일평생 분투하며 애쓴 자녀들에게는 평화와 기쁨을 주리니, 그것이 인생의 두 번째 봄을 선사할 것이며 나와 내 세상을 위해 희생한 젊음을 되살려주리라.

하루하루를 내가 주는 기쁨의 선물로 여겨라. 내 힘과 사랑으로 임무를 수행하다 보면 네 가장 귀한 소망이 이뤄지고 있음을 깨달으리라. 크고 놀라운 것들을 기대하라.

DECEMBER 12.12

내 사랑 안에서 강해져라
Care-Free

사랑과 두려움은 공존할 수 없노라. 그 둘은 본질이 달라 같이 있을 수 없느니라. 두려움은 사탄이 지닌 가장 강력한 힘이니라. 그러므로 나약하고 주저하는 사랑은 두려움 앞에서 뿌리째 뽑히겠으나 오직 나를 신뢰하는 온전한 사랑은 강한 정복자가 되어 두려움을 무찌르고 달아나게 만들 수 있느니라.

나와 아버지는 하나이며 아버지는 사랑이시므로 나 또한 사랑이니라. 그러므로 두려움을 내쫓는 온전한 사랑을 얻을 수 있는 유일한 길은 나를 너의 삶에 두는 것이니라. 나의 임재와 내 이름이 아니면 사탄이 주는 두려움을 추방할 수 없느니라.

미래가 두려우냐? 내가 너와 함께할 것이라. 가난이 두려우냐? 내가 공급할 것이라. 두려움이 틈타지 못하게 하라. 내게 말하라. 나를 생각하고 사랑하라. 그리하면 두려움이 발붙일 틈도 없게 하리라. 내 사랑 안에서 강해져라!

"온전한 사랑이 두려움을 내어쫓나니"(요일 4:18).

DECEMBER 12.13

나를 부정하지 말라
Perpetual Guidance

충만한 기쁨, 영속적인 안내의 기쁨, 네 삶의 시시콜콜한 것까지 내가 풍성한 사랑과 온유로 계획한 것을 아는 기쁨보다 더 큰 것은 없노라.

발걸음을 뗄 때마다 나의 안내를 기다려라. 내가 길을 보여 줄 때까지 기다려라. 내가 사랑으로 네 길을 인도한다는 것을 생각할 때 큰 기쁨을 맛볼 것이며, 인생의 모든 책임과 근심과 염려가 네 어깨에서 벗겨지리라. 네가 자유롭다는 것과 내가 너의 모든 것을 계획했다는 것을 아는 것보다 더한 기쁨은 없느니라.

하나님의 안내를 받는 인생보다 더 귀한 것이 없도다! 네가 하나님의 인도를 받고 있으면서도 어떤 일이 불가능하다고 생각한다면 내가 그것을 하지 못한다고 말하는 것과 같으니라. 나를 부정한다고 말하는 것과 같으니라.

DECEMBER 12.14

원수의 공격을 예상하라

Storms

내 능력으로 보호 받는 영혼은 그 자체가 이적이니, 그보다 더 놀라운 이적이 없느니라. 사탄이 격노하며 날뛰어도 아무 힘도 발휘하지 못할 것이며, 폭풍이 몰아쳐도 아무것도 부수지 못하리라. 내 보호를 받는 영혼은 온갖 나무와 향기로운 꽃과 나비와 벌들이 가득한 동산 같으며, 떠들썩한 도시 한가운데서 시원하게 물을 내뿜는 분수와도 같으니 나의 보호를 구하라. 고요하고 태연할 뿐 아니라 향내를 들이마시고 아름다움을 발산하는 인생을 구하라.

인생의 폭풍을 예상하라. 네가 가장 소중한 친구인 나와 연합할 때, 나를 향한 큰 사랑 안에서 나의 일을 하고자 하는 뜨거운 갈망으로 나와 결속할 때, 나와 연합하지 않은 자들과 세상이 질투와 증오와 악의의 화살을 쏜다는 것을 깨달아라.

네 원수가 어디를 공격하겠느냐? 불모의 황무지가 아니라 견고한 요새를 공격할 것이라.

DECEMBER 12.15

아무 음성도 들리지 않는 날
My Shadow

기쁨의 전율이 느껴지지 않더라도 나의 임재를 의식하면서 내 능력 안에서 하루하루 살아야 한다는 것을 깨달아라.

때로 네 삶에 그림자가 드리워진 것처럼 느껴질 때, 내가 너에게서 물러난 것이 아님을 기억하라. 그 그림자는 내가 너와 네 원수 사이에 서 있어서 생긴 내 그림자이니라.

가장 가깝고 친한 친구들과 함께 있을 때에도 침묵하는 순간이 있느니라. 가까이 있는데도 그들의 웃음소리가 들리지 않거나 기쁨의 전율이 느껴지지 않는다고 그들의 사랑을 의심하지는 않느니라.

아무 음성도 들리지 않는 고요한 날은 조용히 의무를 수행해야 하는 날이니라. 그런 날일수록 내가 너와 함께 있음을 확신하고 조용히 맡은 일에 충실하라.

DECEMBER 12.16

기쁨은 상급이라
What Joy Is

내 기쁨을 주리라. 아무도 앗아가지 못할 기쁨을 주리라(요 16:22). 그러나 네 삶은 고된 진군과도 같으니, 지금은 기쁨을 생각하지 말고 진군할 것만 생각하라. 기쁨은 그 상급이니라.

내가 제자들에게 기쁨을 선물로 주겠다고 약속했지만, 그들은 패배 의식과 실망과 나를 부인함과 황폐와 무력감에 빠져 있었느니라. 그러다가 다시 소망을 찾아 기다리고, 위험에 맞서는 용기를 보임으로써 그 기쁨을 맛보았느니라.

기쁨은 상급이니라. 나를 볼 수 없는 날에 신뢰하고, 어두운 날에도 인내로 나를 본 것에 대한 상급이니라. 기쁨은 너의 신실함을 인정하는 나의 미소에 대한 네 심령의 반응이니라.

기쁨이 느껴지지 않는다고 해서 네 삶이 전적으로 잘못되었다고 생각하지 말라. 기쁨이 넘치지 않아도 낙심하지 말라. 다른 사람들을 위한 헌신적인 생각과 강인함 또한 기쁨과 마찬가지로 참된 제자임을 입증하는 확실한 징표임을 기억하라.

DECEMBER 12.17

내 나라의 축복
Conditions of Blessing

너는 내 것이라. 그 사실 안에서 기뻐하라. 내 나라 백성의 특권은 많으니라. 내가 아버지에 대해 "하나님이 그 해를 악인과 선인에게 비춰게 하시며 비를 의로운 자와 불의한 자에게 내리우심이니라"(마 5:45)라고 말했을 때, 한시적이고 물질적인 축복에 국한해서 말했다는 것을 너는 알아야 하느니라.

신자와 불신자들이 모든 면에서 동일한 대접을 받는다는 뜻으로 한 말이 절대 아니니, 그런 일은 가능하지 않으니라. 나는 비와 햇빛과 돈과 세상의 축복을 선인과 악인에게 고루 내릴 수 있지만 내 나라의 축복은 그렇게 내리지 않느니라.

내 나라의 축복을 받기 위해서는 조건이 있느니라. 나를 따르는 자들이 종종 이 사실을 이해하지 못하느니라. 그러나 이 구절 뒤에 이어지는 나의 명령, 곧 "하늘에 계신 너희 아버지의 온전하심과 같이 너희도 온전하라"(마 5:48)라는 명령을 기억하면 깨닫게 되리라.

DECEMBER 12.18

네 생각으로부터
See Wonders

네 생각이 내 나라의 심장부를 향하고 있는지 확인하라. 온갖 기쁜 것들로 가득한 내 창고를 보라. 갈망하는 손을 뻗어라. 놀라운 것들을 보라. 구하라. 놀라운 것들을 가져가라.

네가 서 있는 이 아름다운 땅이 한때는 내 아버지의 생각 안에 그저 있는 것이었음을 기억하라. 네 생각으로부터 이 땅의 한 모퉁이가 주님의 동산, 주인을 위한 아름다운 집, 궁핍한 친구들을 데려가 함께 이야기 나누고 쉴 수 있는 장소가 될 수 있음을 잊지 말라.

DECEMBER 12.19

두려움을 내쫓는 사랑
Perfect Love

아무도, 아무것도 두려워하지 말라. 내가 너를 실망시킬까 두려워하지 말라. 네 믿음이 너를 실망시킬까 두려워하지 말라. 고난이나 외로움을 두려워하지 말라. 길을 잃을까 두려워하지 말라. 다른 사람들을 두려워하지 말고 다른 사람들의 오해를 두려워하지 말라.

두려움을 내쫓는 이 강력한 힘은 온전한 사랑, 곧 나와 아버지의 온전한 사랑의 결과이니라. 모든 것을 내게 말하라. 언제나 내 말을 경청하라. 내가 가까이 있다는 것을 느껴라. 나에 대한 생각으로 모든 두려움을 즉시 대체하라.

견고한 요새를 공격하는 군사들이 방어하는 병사들을 주시하는 것처럼 사탄은 언제나 너를 노리고 있느니라. 그 목적은 가장 취약한 곳을 급습하여 침범하기 위함이니, 사탄이 너를 두려움으로 넘어뜨리기 위해 지금 네 주변을 어슬렁거리고 있느니라.

네 두려움이 아주 작을지라도 사탄이 그 틈을 타 네 마음에 침입할 수 있으며, 그로 인해 네가 낙담하여 나를 의심할 수 있으며, 많은 죄를 지을 수 있느니라. 그러니 사랑하는 자녀들아! 기도하라. 모든 두려움을 능히 내쫓는 나의 온전한 사랑을 구하라.

DECEMBER 12.20

사랑의 끈

Depression

전염병과 싸우듯 두려움과 싸워라. 내 이름으로 싸워라. 두려움은 아무리 작은 것이라도 너와 나를 묶는 사랑의 끈을 마구 베어버리느니라.

두려움의 영향이 아무리 미약할지라도 계속 방치하면 조금씩 그 끈을 좀먹어 가늘어질 것이요, 나와 연결되어 있는 끈이 약해졌다는 실망이나 충격이 더해지면 어느 순간 그 끈이 갑자기 툭 끊어지리라.

두려움과 싸워라! 절망은 두려움을 나타내느니라. 절망과도 싸워라. 절망은 두려움이 남기는 흔적이니 싸워 정복하라. 나를 향한 사랑을 위해, 너를 향한 나의 온유하고도 무한한 사랑을 위해 싸워라. 사랑하라. 승리하라!

DECEMBER 12.21

뜻대로 하세요!

Smile Indulgently

자녀들아! 삶의 모든 순간을 내 계획과 질서로 여겨라. 내가 너의 하루에 작은 일들을 일으키는 하나님임을 잊지 말라. 아주 작은 일일지라도 너의 팔을 지그시 당기는 나의 손길에 굴복하라. 그 손길, 사랑의 손길이 지시하는 대로 가든지 머물든지 하여라.

나는 현재의 하나님, 거대한 참나무뿐 아니라 세심한 손길이 필요한 연약한 아네모네까지 만든 창조주이니라.

일이 마음먹은 대로 되지 않을 때 나를 향해 순한 미소를 지어라. 사랑의 미소를 지어라. 그리고 사랑하는 사람에게 하듯이 "뜻대로 하세요!"라고 말하라. 그러면 내가 사랑으로 반응하여 네 발길을 쉽게 하리라.

DECEMBER 12.22

내 능력을 시험해보라
Practise Protection

악을 두려워하지 말라. 내가 정복했노라. 악은 내 보호의 날개 아래 들어오지 않은 자들만 상하게 하는 능력이 있을 뿐이니라. 내가 악을 정복했으니 어떤 악도 너를 상하게 할 수 없다고 자신 있게 말하기만 하면 되느니라.

자녀들아! 인생의 큰 문제나 작은 문제에 맞닥뜨렸을 때, 나의 정복하는 능력을 확신하라. 모든 것이 잘되리라고 확신하라. 나의 정복하는 능력을 시험해보라. 절대적으로, 본능적으로 확신하게 될 때까지 시험해보라.

아주 작은 일에서부터 나의 정복하는 능력을 시험해보라. 그러면 인생의 큰 문제도 사랑과 신뢰로 쉽고 자연스럽게 악을 정복할 수 있음을 깨달으리라.

DECEMBER 12.23

평화의 길로 걸어라
The World's Song

나와 함께 평화의 길로 걸어라. 어디를 가든지 불화가 아니라 평화를 발하라. 하지만 그것은 나의 평화여야 하느니라.

사탄의 세력과 잠시 휴전 협정을 맺는 것은 결코 나의 평화가 아니니라. 네 삶의 음악을 세상의 풍조와 음악에 맞추어 편곡하는 것 역시 나의 평화가 아니니라. 나를 따르는 자들이 이를 올바로 깨닫지 못하고 좋은 게 좋다고 생각하여 종종 중대한 잘못을 저질렀도다. 세상의 노래를 부르는 것은 나의 평화가 아니니라.

"내가 세상에 화평을 주러 온 줄로 생각지 말라 화평이 아니요 검을 주러 왔노라"(마 10:34).

평강의 왕, 내가 이르는 말이니라.

DECEMBER 12.24

그리스도의 삶 속으로 들어오라
He Is Coming

그렇도다! 내가 여기 있도다! 그러나 내가 세상에 왔을 때 가장 먼저 환영한 이들이 베들레헴 마구간의 동방 박사들이었음을 기억하라. 그러므로 너도 나를 맞이할 때 하늘의 위엄 안에 있는 왕과 주님으로서가 아니라, 가장 낮은 자들과 세상의 화려함을 빼앗긴 사람들 가운데 있는 이로서 맞이하라. 베들레헴의 아기에게 겸손하게 경배하듯 나를 맞으라.

그런 다음 회개의 예배를 드려라. 세상의 죄인으로 요단강에서 세례 요한에게 세례를 받아라. 그리고 죄인들의 친구인 나를 경배하라. 내 삶을 깊이 묵상하라. 내 곁으로 오라. 겸손과 섬김과 예배와 희생과 성결의 삶, 그리스도의 삶 속으로 발을 들여놓아라.

DECEMBER 12.25

세 가지 예물
Babe of Bethlehem

베들레헴에서 나신 아기 예수께 무릎을 꿇어라. 하나님나라가 비천하고 순전한 자들을 위한 것이라는 진리를 받아들여라.

예물을 가져와라. 세상에서 가장 지혜로운 세 가지 예물을 베들레헴의 아기에게 가져오라. 황금은 네가 가진 돈, 유황은 성결한 삶의 경배, 몰약은 나의 고난과 세상의 고통을 나누는 것이라.

"아기께 경배하고 보배합을 열어 황금과 유향과 몰약을 예물로 드리니라"(마 2:11).

DECEMBER 12.26

그렇게 일하고 사랑하며 살라
Health and Wealth

건강과 재산을 주리니 아무것도 염려하지 말라. 네 곤궁함을 해결하고도 남을 만큼, 그토록 갈망하는 나의 일을 감당하고도 남을 만큼 넉넉하게 주리라. 돈을 축적하거나 자랑하는 것은 내 제자들이 할 일이 아니니 내 뜻을 준행하고 내 일을 감당하기 위한 수단만을 구하며 인생길을 걸어라.

당장 쓰지 않는 것은 무엇이라도 축적하지 말라. 내가 너에게 주는 것은 모두 오로지 쓰라고 주는 것임을 명심하라. 내가 보화를 축적하더냐? 오직 나를 의지하고 나를 따르라. 장래를 위해 물질을 축적하는 것은 염려하는 것이요 나를 의심하는 것이라. 네가 나를 의심하고 있는 것은 아닌지 즉시 점검하라.

물질을 축적하는 기쁨으로 살지 말고 내 지속적인 임재를 기뻐하는 기쁨으로 살아라. 모든 순간을 나에게 바쳐라. 네 임무가 아무리 보잘것없어 보여도 내 온화한 명령으로 여기고 나를 향한 사랑으로 신실하게 행하라. 그렇게 일하고 사랑하며 살라.

DECEMBER 12.27

실로 번영하는 삶
Glorious Work

내가 너에게서 많은 것을 가져간 것은 네 삶이 진정으로 번영하는 삶이 되어야 하기 때문이었노라. 네 삶을 견고한 반석 위에 세웠으니 그 반석은 네 주인, 나 곧 그리스도이니라.

네 삶은 나를 위한 훈련의 삶, 기쁜 성취의 삶이 되어야 하느니라. 실로 영광스러운 일을 위해 너를 불렀으니 그 사실을 잊지 말라. 돈이나 안락함의 유혹에 넘어가 나와 함께 이적을 행하는 이 길에서 이탈하지 않도록 늘 경계하라.

언제나 사랑하라. 웃어라. 항상 기도하고 신뢰하라. 사랑의 말, 겸손의 말을 타고 승리를 향해 나아가라.

DECEMBER 12.28

너무 많은 느낌을 구하지 말라
Signs and Feelings

내가 여기 있노라. 너무 많은 느낌을 구하지 말라. 너무 많은 느낌을 구하는 것은 표적을 구하는 것과 같으니라.

"선지자 요나의 표적밖에는 보일 표적이 없느니라 요나가 밤낮 사흘을 큰 물고기 배 속에 있었던 것같이 인자도 밤낮 사흘을 땅속에 있으리라"(마 12:39,40).

믿지 않는 자들의 시야는 베일로 가려 있으나 믿는 자들에게는 잠깐 가려졌다 사라지나니 영광의 부활이 뒤따를 것이기 때문이라. 네 느낌이 그렇게 중요하단 말이냐? 정말 중요한 것은 내가 너에게 누구였고, 지금은 누구이며, 장차 어떤 의미가 되느냐 하는 것이니라. 내가 너와 함께 있다는 느낌은 네 기분이나 환경에 좌우될 수밖에 없다는 것을 정녕 모른다는 말이냐?

그러나 나는 환경이나 상황에 영향을 받지 않는 하나님이라. 약속을 지키는 하나님, 내가 여기 있노라. 사랑의 우정을 나누는 친구로서 네 옆에 있노라.

DECEMBER 12.29

믿음의 기도
Work and Prayer

기도는 너의 일과 나의 일의 성공을 보장하는 중요한 능력이라. 믿음의 기도는 내가 너를 위해 네 안에서, 너와 함께 일한다는 확신에 근거하기 때문이라.

아무것도 두려워하지 말고 기쁘게 나아가라. 내가 함께함이라. 사람과 합력해서 하는 일이라면 임무 수행이 불가능할지 몰라도 하나님과 함께라면 모든 것이 가능하느니라.

DECEMBER 12.30

인생의 목적이 무엇이냐?

Fishers of Men

죄의 짐에 눌려 괴로워하는 사람들에 대한 이야기를 들어본 적이 있으리라. 그때, 그 심령들의 괴로움과 번민으로 내 마음이 얼마나 아플지 한 번이라도 생각해보았느냐? 예루살렘을 내려다보며 눈물을 흘렸던(눅 19:41) 내가, 삶을 지탱해주는 내 능력을 의지하지 않고 제힘으로 살아가려 애쓰는 오늘의 인생들을 보며 얼마나 많은 눈물을 흘리겠느냐?

"그러나 너희가 영생을 얻기 위하여 내게 오기를 원하지 아니하는도다"(요 5:40).

네 인생의 목적이 무엇이냐? 다른 사람들을 내게로 데려오기 위해 살아라! 이것만이 참된 행복과 마음의 평화를 얻을 수 있는 유일한 원천이니라.

DECEMBER 12.31

내 이름을 불러라!
Jesus the Conqueror

"예수님!"

종종 내 이름을 불러라. 그 이름을 부를 때 정복하는 삶을 살 것이니라. 굽실거리며 애원하지 말고 친구를 부르듯이 내 이름을 불러라.

"이름을 예수라 하라 이는 그가 자기 백성을 저희 죄에서 구원할 자이심이라"(마 1:21).

이 말씀 중 '죄'를 사악함과 타락함의 뜻으로만 이해하지 말고 의심, 두려움, 성냄, 의기소침, 안달함, 크고 작은 일에서 사랑이 부족하다는 것으로 이해하라. 그 이름을 입 밖에 내기만 해도 짜증과 초조함이라는 협곡에 있던 네 영혼이 산 정상에 오르리라.

나는 네 구세주, 친구, 인도자, 안내자, 구조자이자 기쁨을 안겨주는 예수이니라. 네 용렬함, 버거운 환경, 가난, 실패, 연약함으로부터 해방되기를 원하느냐?

"다른 이로서는 구원을 얻을 수 없나니 천하 인간에 구원을 얻을 만한 다른 이름을 우리에게 주신 일이 없음이니라"(행 4:12).

내 이름을 불러라. 그 이름이 가져오는 능력을 구하라!

주님의 음성

초판 1쇄 발행	2009년 11월 23일
초판 38쇄 발행	2025년 2월 14일
지은이	두 명의 경청자
옮긴이	배웅준
펴낸이	여진구
편집	이영주 박소영 최현수 구주은 안수경 김도연 김아진 정아혜
책임디자인	마영애 노지현 조은혜 정은혜
홍보 · 외서	진효지
마케팅	김상순 강성민
마케팅지원	최영배 정나영
제작	조영석 허병용
경영지원	김혜경 김경희

303비전성경암송학교 유니게 과정
이슬비전도학교 / 303비전성경암송학교 / 303비전꿈나무장학회

펴낸곳 규장

주소 06770 서울시 서초구 매헌로 16길 20(양재2동) 규장선교센터
전화 02)578-0003   팩스 02)578-7332
이메일 kyujang0691@gmail.com   홈페이지 www.kyujang.com
페이스북 facebook.com/kyujangbook   인스타그램 instagram.com/kyujang_com
카카오스토리 story.kakao.com/kyujangbook
등록일 1978.8.14. 제1-22
ⓒ 한국어 판권은 규장에 있습니다.
이 출판물은 저작권법에 의해 보호를 받는 저작물이므로 무단 전재와 무단 복제를 할 수 없습니다.
책값 뒤표지에 있습니다.
ISBN 978-89-6097-141-7 03230

규|장|수|칙

1. 기도로 기획하고 기도로 제작한다.
2. 오직 그리스도의 성품을 사모하는 독자가 원하고 필요로 하는 책만을 출판한다.
3. 한 활자 한 문장에 온 정성을 쏟는다.
4. 성실과 정확을 생명으로 삼고 일한다.
5. 긍정적이며 적극적인 신앙과 신행일치에의 안내자의 사명을 다한다.
6. 충고와 조언을 항상 감사로 경청한다.
7. 지상목표는 문서선교에 있다.

하나님을 사랑하는 자 곧 그의 뜻대로 부르심을 입은 자들에게는 모든 것이 合力하여 善을 이루느니라(롬 8:28)

규장은 문서를 통해 복음전파와 신앙교육에 주력하는 국제적 출판사들의 협의체인 복음주의출판협회(E.C.P.A:Evangelical Christian Publishers Association)의 출판정신에 동참하는 회원(Associate Member)입니다.